Dieses Buch gehört:

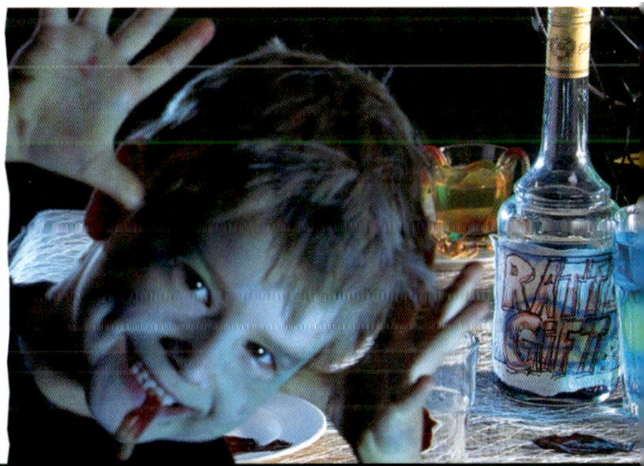

Es gruselt sehr!

SCHMINKGESICHTER, KOSTÜME UND DEKORATIONEN FÜR DIE GRUSEL-KINDERPARTY

Garantiert
nicht
niedlich!

Vorwort

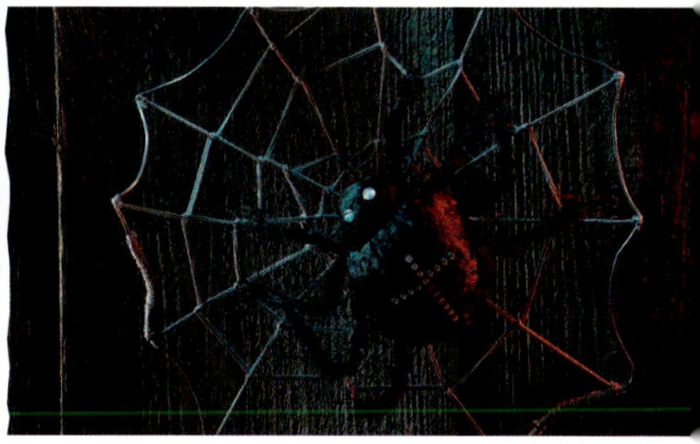

Hereinspaziert, in die gruselige Welt der Vampire, Zombies und Werwölfe. Aber Vorsicht! Dieses Buch ist nichts für schwache Nerven. Machen Sie sich am besten immer bewusst, dass es sich hierbei nicht um echte Narben, Wunden und Blutflecken handelt. Dann ist es auch nur halb so „schlimm".

Sie werden überrascht sein, mit welch simplen und geringen Mitteln wahrhaft schaurige Gruseldekorationen oder Kostüme entstehen. Alte oder zerschlissene T-Shirts eignen sich zum Beispiel perfekt dafür, sie anzumalen oder einzureißen. Und zum Glück legt niemand viel Wert auf ordentlich gekleidete Gruselmonster. Schrammen, Risse und Flecken sind daher ausdrücklich erlaubt.

Neben Schminkgesichtern und Kostümen für diverse Horrorfiguren, folgen im zweiten Kapitel zahlreiche Dekorationsideen, Accessoires und Leckerbissen für die nächste Kinder-Gruselparty.

Nun wünschen wir Ihnen und Ihren Kindern viel Spaß beim Ausprobieren unserer Gruselideen!

Mit schaurigen Grüßen

So wird's gemacht

Grundausstattung

Diese Materialien und Werkzeuge brauchen Sie bei den meisten Bastelideen. Sie sind in den einzelnen Materiallisten nicht mehr extra aufgeführt.

* Transparentpapier (Architektenpapier)
* dünner Karton für Schablonen
* Bastelkleber, UHU Alleskleber, Klebestift
* Klebefilm
* weicher Bleistift
* harter Bleistift
* Radiergummi
* Bleistiftanspitzer
* Lineal
* Schere
* Cutter
* Wasserbehälter, z. B. Joghurtbecher
* feuchte Abschminktücher

Vorlagen übertragen (mit Transparentpapier)

1 Das Transparentpapier mit etwas Klebefilm auf der Vorlage befestigen und das Motiv mit einem weichen Bleistift durchzeichnen.

2 Zum Übertragen der Vorlage das Transparentpapier abnehmen, wenden und mit Klebefilm auf dem ausgewählten Papier fixieren. Die Linien mit einem harten, spitzen Bleistift nachziehen.

3 Das Motiv mit Schere und Cutter ausschneiden. Evtl. vorhandene Bleistiftstriche mit einem weichen Radiergummi entfernen.

Vorlagen übertragen (mit Schablonen)

Werden mehrere gleiche Motivteile benötigt, ist das Anfertigen von Schablonen empfehlenswert. Dazu das Motiv zunächst auf Transparentpapier durchpausen, grob ausschneiden und auf dünne Pappe kleben. Das Motiv ausschneiden und die Schablone anschließend auf das gewünschte Material (z. B. Stoff oder Papier) auflegen und mit einem Stift umfahren.

Kleine Nähschule

Für einige Kostüme und bestimmte Accessoires müssen Sie immer wieder zu Nadel und Faden greifen. Daher werden hier die wichtigsten Stiche kurz vorgestellt.

Heftstich

Steppstich (Rückstich)

Überwendlingstich

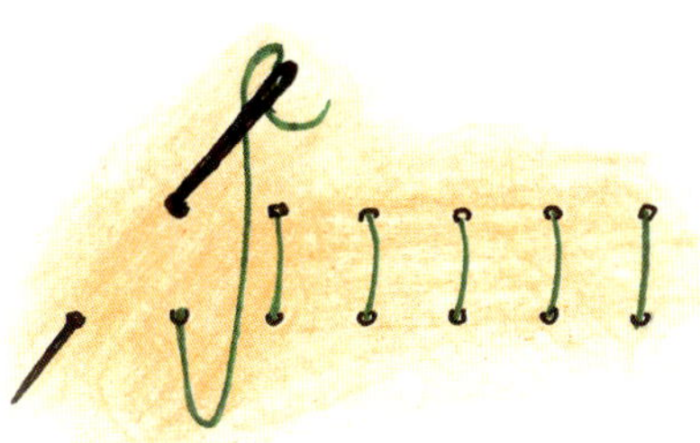

Rechts und Links

Rechts und Links sollte man nicht nur im Straßenverkehr nicht verwechseln, auch beim Arbeiten mit Stoff muss man sich damit auskennen. Hier bezeichnet „rechts" die schöne Stoffseite, „links" dagegen die oft weniger schöne Rückseite des Stoffes. Soll etwas rechts auf rechts zusammengenäht werden, legen Sie die Teile also zum Nähen mit der schönen Stoffseite aufeinander. Danach wird der Stoff gewendet und die schöne Seite kommt wieder zum Vorschein. Die Naht versteckt sich dagegen im Innern der Näharbeit.

••• **Weiter geht es auf Seite 6**

Schminkgesichter

Einsatz von Schwämmen und Pinseln

Fast alle Masken werden zunächst einmal mit einem Schwämmchen grundiert. Manchmal in einer Farbe, manchmal mit Farbübergängen. Daher ist zu fast jedem Gesicht ein entsprechendes Arbeitsschrittfoto abgebildet, auf dem Sie genau erkennen, wie vorzugehen ist.

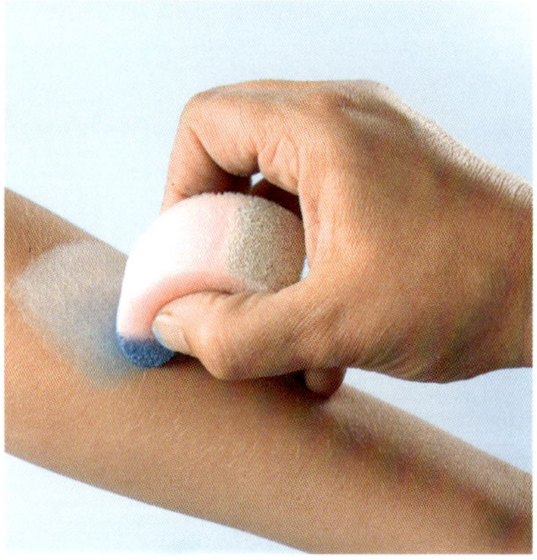

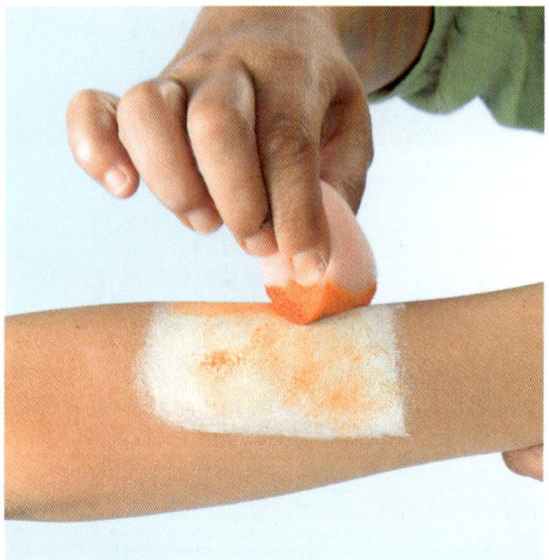

Grundierung auftragen

Für die einfache Grundierung zunächst den Schwamm leicht anfeuchten und Farbe aus dem Farbtöpfchen aufnehmen. Tupfen oder streichen Sie die Farbe danach in kurzen Bewegungen auf die Haut. Eine weiße Grundierung kann anfangs fleckig oder nicht deckend wirken. Wiederholen Sie den Vorgang in diesem Fall noch einmal. Einen Farbübergang erzielen Sie, indem Sie wie abgebildet auf die hellere Farbe eine andere Farbe auftupfen. Hier müssen Sie sehr zügig arbeiten, denn die Farben trocknen sehr schnell.

Fellstruktur gestalten

Eine Fellstruktur bzw. grobe Struktur erhalten Sie mithilfe des großporigen Strukturschwämmchens. Jetzt kommt es darauf an, welche Struktur Sie erzielen möchten: Für eine Fellstruktur halten Sie den Strukturschwamm trocken und nehmen unterschiedliche Farben auf, für eine dickere, grobere Struktur halten Sie den Schwamm etwas feuchter. Tragen Sie die Farbe grundsätzlich mit einem Pinsel auf eine Fläche des Strukturschwämmchens auf.

Sprenkeleffekt auftupfen

Um den Sprenkeleffekt zu erhalten, müssen Sie den relativ feuchten Schwamm ganz sachte auf die Grundierung auftupfen. Der Schwamm darf die Haut dabei nicht mit seiner kompletten Fläche berühren. Wer das so nicht hinbekommt, kann zu einer List greifen und die Spritztechnik anwenden. Nehmen Sie dazu zum Beispiel eine alte Zahnbürste, die feucht und mit Farbe getränkt ist, und klopfen Sie diese mit dem Griff gegen Ihren Zeigefinger. Dabei spritzt die Farbe auf die Haut. Probieren Sie diesen Effekt am besten zuvor an Ihrem Arm aus.

Farbe mit der Schwammkante auftragen

Einen weiteren schönen Effekt auf der Grundierung erzielt man, wenn man mit der Schwammkante eine andere Farbe aufträgt. Hierfür muss die Farbe auf dem Schwamm etwas feuchter sein. Den Schwamm an der Kante etwas stärker andrücken und dann sachte über die Haut hinwegstreichen.

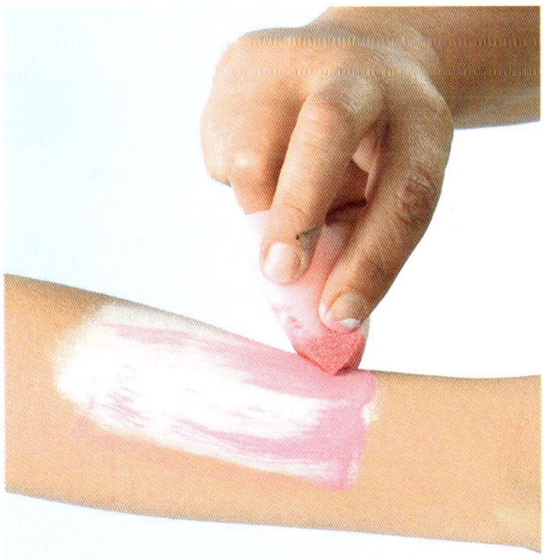

Schnörkel gestalten

Schnörkel können innen oder außen beginnend aufgemalt werden. Am einfachsten geht es aber, wenn Sie innen starten. Dazu den Pinsel sachte ansetzen und eine kleine Spirale, die nach außen hin immer größer wird, in einem Zug aufmalen. Wenn Sie merken, dass die Pinselspitze immer weniger Farbe hat, drücken Sie den Pinsel einfach stärker an.

Tipps

Eine gute Linienführung ist das A und O einer Maske. Ich empfehle immer erst einmal zur Probe mit einem Pinsel (Nr. 4) einige Linien auf dem eigenen Arm aufzumalen. Setzen Sie den Pinsel anfangs leicht auf der Haut an und führen Sie die Linie schwungvoll weiter. Wo die Linie stärker sein soll, drücken Sie Ihren Pinsel fester auf. Versuchen Sie am Ende der Linie wieder dünner zu werden. Wenn Sie eine zu schwache oder gar keine Linie erhalten, prüfen Sie, ob Sie genug Farbe und Wasser auf dem Pinsel haben. Sollten Sie sich beim Aufmalen der Linien verkrampfen, legen Sie den Pinsel einfach kurz zur Seite und lockern Sie Ihre Hand.

Bei kleinen Kindern bis zu fünf Jahren vermeide ich es, die Haut um die Augen zu bemalen. Bei einem älteren Kind spreche ich während des Malvorgangs immer mit ihm. Ich bitte es die Augen zu schließen und erkläre ihm, mit welcher Farbe ich male. Hierbei halte ich das Kinn des Kindes mit einer Hand fest. Rechnen Sie immer damit, dass das Kind bei einem minimalen Geräusch erschrickt und mit dem Kopf nach vorn geht. Halten Sie den Pinsel daher immer so, dass Sie dem Kind keinen Schaden zufügen können.
Für den unteren Augenkonturenstrich lassen Sie das Kind an die Decke schauen, dadurch wird die untere Wimpernreihe etwas angehoben. Für den oberen Lidstrich bitten Sie das Kind die Augen geschlossen zu halten und malen ihn in einem Zug auf.

Waschen Sie Ihre Pinsel und Schwämme nach Fertigstellung der Maske unter fließendem, lauwarmem Wasser aus. Nehmen Sie hierzu etwas Spülmittel zu Hilfe.

Schminkgesichter & Kostüme

Wuahhh, jetzt wird es furchteinflößend gruselig und gespenstig, und keiner kann dem entrinnen. Für eine Halloween-, Faschings- oder Mottoparty werden aus netten Kindern von Nebenan schaurige Vampire, gemeine Hexen oder gefährliche Zombies.

Mit etwas Schminkfarbe und den passenden Kostümen ist kein Kind mehr wiederzuerkennen. Wie die Gesichter geschminkt werden, ist ausführlich beschrieben und anhand von Arbeitsschrittbildern ganz einfach nachzuvollziehen.

Wer keinen großen Fundus an passenden Kostümen hat, kann für die jeweiligen Verkleidungen auch auf alte, zerschlissene Hemden und T-Shirts zurückgreifen. Mit einer Schere können diese im Handumdrehen in ein adäquates Kostüm verwandelt werden.

Fürsten der Finsternis

bereit für einen Streifzug durch die Nacht

Schwierigkeitsgrad

●●○

Material

* wasserlösliche Schminkfarbe in Mittelgrün, Weiß, Schwarz, Lila und Rot
* feinporiger Schwamm
* großporiger Schwamm
* feiner Schminkpinsel

Vampirjunge

1 Mit einem feinporigen Schwämmchen zuerst etwas Weiß und dann Grün aufnehmen. Das komplette Gesicht (auch die Ohren) mit diesem Schwämmchen grundieren. Mit demselben Schwämmchen nehmen Sie etwas Lila auf und tupfen es sachte zwischen den Augen und auf den unteren Stirnbereich sowie im unteren Wangenbereich auf. Ebenso etwas Schwarz auf den Wangen und auf der Stirn ergänzen.

2 Danach Schwarz mit einem großporigen Schwämmchen relativ trocken aufnehmen und auf das Augenlid bis zum Augeninnenwinkel auftupfen. Ebenso auf der Stirn etwas Schwarz auftupfen. Dies lässt den Vampir schön schaurig wirken.

3 Nun mit Rot und einem Pinsel dünne Adern am Augenwinkel und unterhalb des Auges aufmalen. Die Vampirzähne zunächst in Weiß aufmalen und trocknen lassen. Erst danach werden die Lippen rot ausgemalt.

4 Zum Schluss feine, mit einem spitzen Pinsel bemalte Augenbrauen und einen Bart in Schwarz ergänzen. Dies lässt den Vampir schön edel erscheinen. Und schließlich werden die Zähne noch schwarz umrandet und rote Bluttropfen am Mund ergänzt. Guten Appetit, Herr Vampir.

Vampirlady

1 Tupfen Sie die blasse Hautfarbe mit einem feinporigen Schwämmchen, das mit Weiß und etwas Grün vermischt wurde, auf das Gesicht und den Halsbereich. Nun mit ganz wenig Lila die inneren Augenhöhlen und den äußeren Gesichtsrand betupfen. Wiederholen Sie den letzten Schritt mit dem gleichen Schwämmchen auch noch einmal mit etwas Grün und betonen Sie damit auch die Wangenknochen.

2 Mit einem feinen Pinsel nun die Vampirzähne in Weiß aufmalen und die Lippen in Rot ausmalen. Einige Tropfen Blut am Zahn entlang ergänzen.

3 Und schließlich malen Sie die Augenbrauen mit kurzen schwarzen Pinselstrichen, ziehen dicht unter den Augen eine feine Linie und setzen kleine Schönheitsflecken im Bereich des rechten Auges auf. Zuletzt die Vampirzähne mit schwarz umranden.

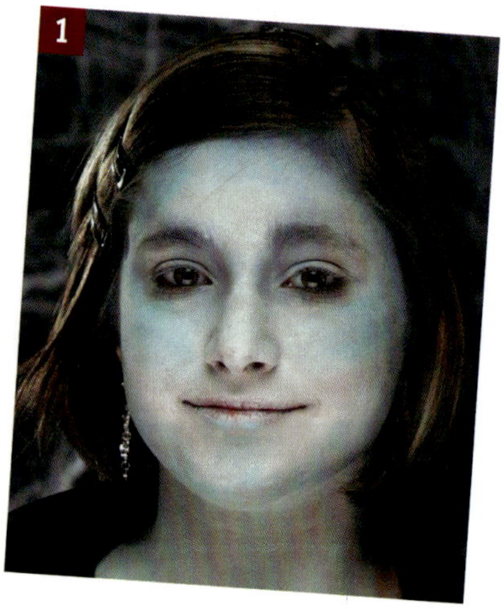

Graf Dracula

empfängt seine Gäste

Schwierigkeitsgrad

●●○

Material Vampir-Umhang

* Pannesamt in Schwarz, 1,50 m x 1,50 m
* Textilfilz in Schwarz, 30 cm x 45 cm
* Nikkisamt in Rot, 22,5 cm x 60 cm
* Nähgarn in Schwarz und Rot
* Stecknadeln
* Nähnadel
* Nähmaschine

Rüschenhemd

* Hemd in Weiß mit verdeckter Knopfleiste (in passender Größe)
* Pannesamt in Weiß, 1,50 m x 0,10 m
* 4 Druckknöpfe in Transparent, ø 1 cm
* Stoffband in Schwarz, 5 mm breit, ca. 1 m lang
* Schmucksteine in Silber (Meterware)
* reißfester Faden in Weiß und Schwarz (100% Polyester)
* Nähnadel
* Stecknadeln
* Nähmaschine

Vampir-Umhang

1 Auf einer der Seiten, auf der sich der Stoff nicht dehnt, 5 cm vom Rand umschlagen, mit Stecknadeln fixieren und anschließend mit der Nähmaschine festnähen. Dies ist der Tunnel, durch den das Band zum Raffen des Umhangs gezogen wird.

2 Für den Kragen den Textilfilz der Breite nach halbieren und die Filzteile so nebeneinanderlegen, dass eine Fläche von 22,5 cm x 60 cm entsteht. Die beiden Teile danach entlang der beiden Ränder, die sich berühren, mit der Nähmaschine mit Zick-Zack-Stichen zusammennähen.

3 Der Nikkisamt wird in der gleichen Größe zugeschnitten. Diesen danach rechts auf rechts mithilfe der Nähmaschine an den zwei kurzen und einer langen Seite auf das Filzteil nähen, wenden und eventuell etwas in Form ziehen. Danach wird das schwarze Filzteil des Kragens auf der äußeren Naht des „Tunnels“ mittig auf dem Umhang mit der Nähmaschine angenäht. Der rote Teil des Kragens muss von Hand mit Überwendlingsstichen auf der inneren Naht des „Tunnels“ festgenäht werden (der „Tunnel“ verläuft durch den Kragen).

4 Vom unteren Rand des Umhangs wird ein Streifen von 10 cm Breite abgeschnitten und mithilfe einer Sicherheitsnadel durch den „Tunnel“ gezogen. Danach den Umhang raffen. Falls er zu lang sein sollte, können Sie ihn etwas kürzen. Zum Schluss den Vampirkragen in Form bringen.

Rüschenhemd

1 Mit dem größten Stich der Nähmaschine mittig auf dem Pannesamtstreifen von oben nach unten nähen. Den Faden abschneiden, festhalten und den Pannesamtstreifen vorsichtig bis auf die Länge des Hemdes zusammenraffen.

2 Um die Rüschen in dieser Position zu fixieren, wird das schwarze Stoffband zunächst mit Stecknadeln auf den Rüschen festgesteckt und dann mit der Nähmaschine aufgenäht.

3 Die aufgereihten Schmucksteine anschließend von Hand auf den schwarzen Streifen nähen. Die Druckknöpfe werden auf der verdeckten Knopfleiste und der Unterseite des Rüschenstreifens angenäht (ein Knopf oben, zwei in der Mitte, einer unten). So können die Rüschen z. B. zum Waschen des Hemdes jederzeit schnell abgeknöpft werden.

UNSER ELTERN-TIPP

Am besten trägt der Vampir schwarze Schuhe und eine schwarze Hose zu Hemd und Umhang.

Unbeliebter Sensenmann

wer fürchtet sich nicht vor ihm?

Schwierigkeitsgrad

● ● ●

Material

* wasserlösliche Schminkfarbe in Weiß, Schwarz, Ocker und Braun
* feinporiger Schwamm
* dicker Schminkpinsel

1 Beginnen Sie als Erstes damit, den Schädelknochen samt Nasenrücken und Wangenknochen sowie die Halswirbel und Kieferknochen in Weiß mithilfe eines feinporigen Schwämmchens aufzutupfen. Mit demselben Schwämmchen tupfen Sie nun eine Mischung aus Ocker und Braun als Schatten auf die Knochen.

2 Mit einem dicken Pinsel und schwarzer Farbe die Augenhöhlen ausmalen und anschließend etwas weiße Farbe beimischen – dies verleiht den Augenhöhlen mehr Tiefe. Ummalen Sie nun alle Knochen mit Schwarz. Bei großen Flächen können Sie auch ein Schwämmchen verwenden.

3 Nun in Schwarz dünne Striche und Risse auf die Knochen malen – die geben den Knochen ein authentischeres Aussehen.

4 Sobald der Sensenmann sein Kostüm anhat, können Sie ihm, falls nötig, wie abgebildet weitere Knochen auf den Armen, Händen und Fingern aufmalen. Dabei gehen Sie wie bei den Gesichtsknochen vor.

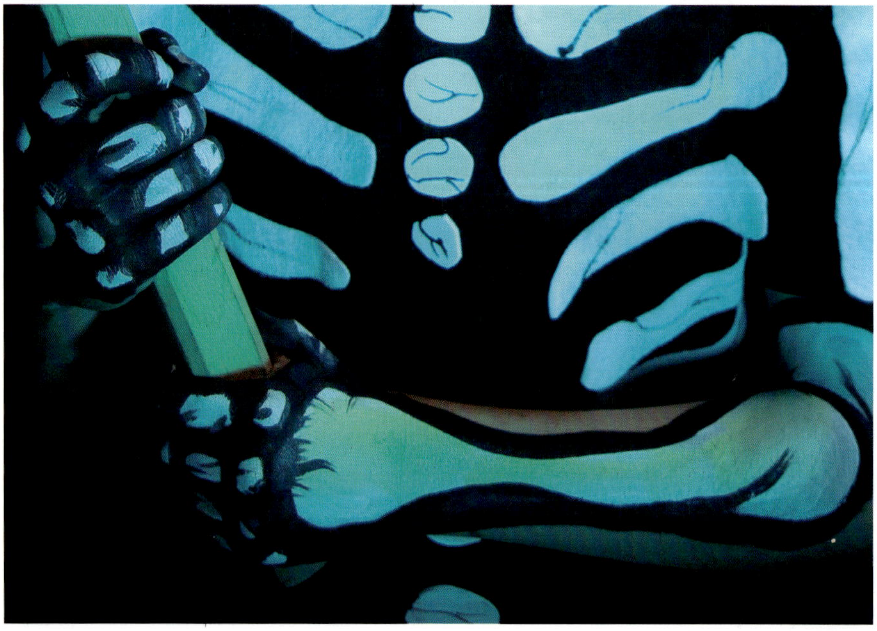

Sensenmanns Kostüm

ganz leicht nachzumachen

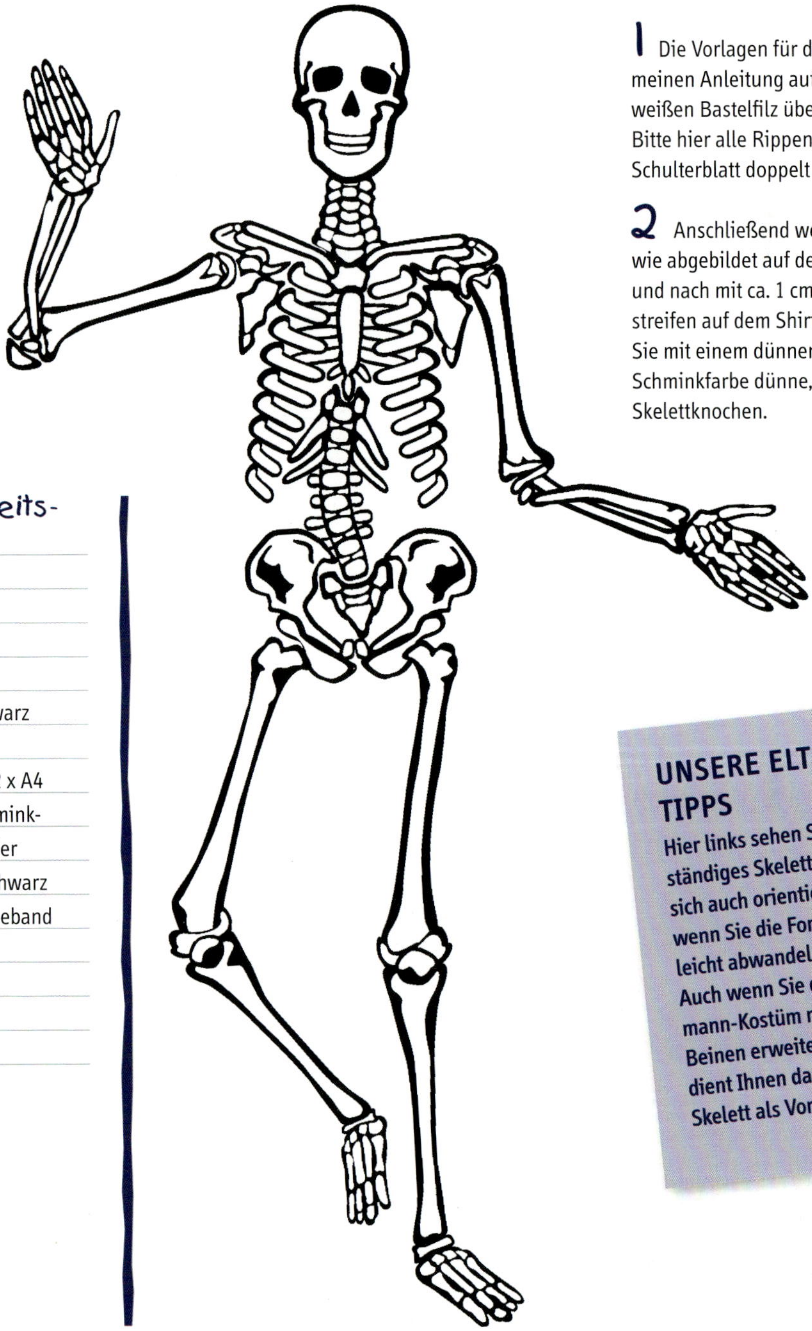

1 Die Vorlagen für die Knochen wie in der allgemeinen Anleitung auf Seite 5 beschrieben auf den weißen Bastelfilz übertragen und ausschneiden. Bitte hier alle Rippen, den Armknochen und das Schulterblatt doppelt ausarbeiten.

2 Anschließend werden die einzelnen Knochen wie abgebildet auf dem T-Shirt platziert und nach und nach mit ca. 1 cm x 1 cm großen Klebebandstreifen auf dem Shirt fixiert. Zum Schluss malen Sie mit einem dünnen Pinsel und der schwarzen Schminkfarbe dünne, unregelmäßige Risse auf die Skelettknochen.

Schwierigkeitsgrad

●○○

Material pro Kostüm

* altes T-Shirt in Schwarz
* Hose in Schwarz
* Bastelfilz in Weiß, 2 x A4
* wasserlösliche Schminkfarbe in Schwarz oder feiner Filzstift in Schwarz
* doppelseitiges Klebeband
* dünner Pinsel

Vorlage

Seite 57

UNSERE ELTERN-TIPPS

Hier links sehen Sie ein vollständiges Skelett, an dem Sie sich auch orientieren können, wenn Sie die Form der Knochen leicht abwandeln möchten. Auch wenn Sie das Sensenmann-Kostüm mit Armen und Beinen erweitern möchten, dient Ihnen das abgebildete Skelett als Vorlage.

Kreatur des Waldes

verbreitet Furcht und Schrecken

Schwierigkeitsgrad

●●○

Material

* wasserlösliche Schminkfarbe in Gelb, Braun, Weiß, Schwarz und Rot
* feinporiger Schwamm
* Strukturschwamm

1 Zunächst wird das komplette Gesicht, der Hals und ein Teil des Oberkörpers mithilfe eines Schwämmchens in Gelb grundiert. Wischen Sie dem Werwolf nun einige braune Haare auf das Gesicht, indem Sie das Schwämmchen von innen nach außen bewegen. Beginnen Sie damit über den Augenbrauen und arbeiten Sie sich entlang der Nase über die Wangen bis zum Kinn vor.

2 Mithilfe des Strukturschwämmchen tupfen Sie nun mit einer Mischung aus Braun und Schwarz am Augenbrauenansatz und seitlich der Nase entlang bis zum Mund. Die Nasenspitze mit einem Pinsel schwarz anmalen und die Zähne samt Rachen in Weiß und Rot auf die Lippen und den Kinnbereich malen.

3 Umranden Sie die Zähne nun mit einem feinen Pinsel in Schwarz und schattieren Sie die Augenhöhlen mithilfe eines Schwämmchens ebenfalls in Schwarz.

4 Nun mit einem Schwämmchen und einer Mischung aus brauner und schwarzer Farbe die Schnauzenform auftupfen und verwischen. Um die Fellstruktur noch etwas hervorzuheben, mit kurzen Pinselstrichen einige schwarze Haare im Schnauzen- und Augenbrauenbereich aufmalen.

5 Schwarze, auslaufende Linien unter den Augen, etwas Augenweiß in den Augenwinkeln und ein weißer Lichtpunkt auf der Nase geben der Werwolfmaske ihren letzten Schliff.

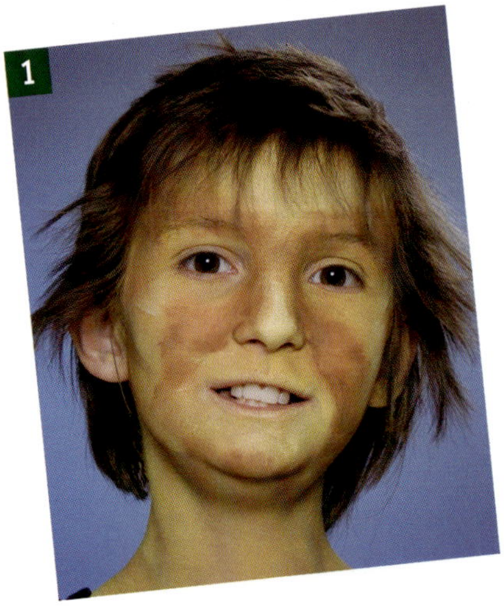

Werwolf

ganz schön haarig

Schwierigkeitsgrad

●●●

Material pro Kostüm

* Filzstoff (farblich passend zum Kunsthaar), 5 mm stark, ca. 40 cm x 30 cm
* 1–2 Stränge Kunsthaar oder fransig, flauschige Wolle in Brauntönen
* Kaltleim bzw. Bastelkleber für Kinder
* altes Hemd und alte Hose in Braun (zum Zerschneiden geeignet)
* Stoffrest in beliebiger Farbe, 10 cm x 20 cm
* Kunstfingernagel-Set oder Nagellack in Beige und Schwarz
* Hosengummi in Braun, 5 mm breit, 80 cm lang
* Nähmaschine
* Latexkleber
* Latexentferner
* wasserlösliche Schminkfarbe in Gelb, Schwarz und Dunkelbraun
* Schminkschwamm
* 2–3 Sicherheitsnadeln

Vorlage

Seite 59

Maske

1 Die Vorlage für die Maske auf den Filzstoff übertragen und ausschneiden. Den Innenrand gegebenenfalls auf den Gesichtsumfang des Kindes anpassen.

2 Nun den Filzstoff einleimen und das Kunsthaar (ca. 5–10 cm lang) immer mit einem Ende auf die Maske kleben. Dieses kann gerne wirr und etwas verfilzt angeordnet werden. Am Außenrand und vor allem oben längere Haare aufkleben, damit diese etwas über den Kopf hinausragen.

3 Nach dem Trocknen die Ränder der Maske mit der Nähmaschine im Zick-Zack-Stich umranden. Danach die Maske in einem Rastermuster mit senkrechtem Verlauf im Abstand von 2 cm nochmals übernähen, um die Haare dauerhaft zu fixieren. Die Haarspitzen oder -schlaufen einfach mithilfe einer Nadel aus der Naht rausziehen.

4 Zuletzt drei Gummibänder an den Markierungen annähen. Messen Sie zunächst am Kopf des Kindes aus, wie lang jedes Band sein darf. Setzen Sie ihm dazu die Maske auf und halten Sie das Band an. Zwei der Bänder nun von links nach rechts spannen und in der Mitte überkreuzen lassen. Abschließend nähen Sie ein senkrechtes Band oben an der Maske an und vernähen es, dort wo die anderen Bänder sich kreuzen, mit diesen.

Haartupet und Hemd

1 Das Haartupet, das aus dem eingerissenen Hemd herausschaut, wird im Grund wie die Maske hergestellt. Schneiden Sie ein Stück Stoff in etwa der Größe des Risses aus und kleben und nähen Sie die Haare wie oben beschrieben auf.

2 Schneiden Sie die Ärmel an dem alten Hemd etwas ab und reißen Sie den Rest nach oben hin etwas ein. Das Haartupet kann schließlich von innen mit Sicherheitsnadeln am Hemd fixiert werden.

Hände, Arme und Nägel

1 Die Hände und Arme werden mithilfe eines Schwamms in gelber Schminkfarbe nicht ganz deckend eingefärbt. Mit brauner und schwarzer Farbe vereinzelte Flächen einfärben, die dann wie Schürfwunden aussehen. Und schließlich einzelne Haare an einem Ende mithilfe des Latexklebers im Brustbereich und an den Armen aufkleben.

2 Für täuschend echt aussehende Werwolf-Krallen eignen sich Kunst-Fingernägel aus dem Kostüm- oder Faschingsladen sehr gut. Diese am besten mit Latexkleber aufkleben und mit schwarzer Schminkfarbe dünne Schlieren aufmalen.

UNSER ELTERN-TIPP

Der Latexkleber lässt sich mit Latexentferner wieder gut lösen bzw. abrubbeln.

Untoter Geselle

bringt jeden zum Zittern und Bibbern

Schwierigkeitsgrad

●●○

Material

* wasserlösliche Schminkfarbe in Weiß, Rot, Schwarz und Dunkelblau
* Hautwachs
* Filmblut
* kleiner Plastikspachtel
* Schminkpinsel und -schwamm

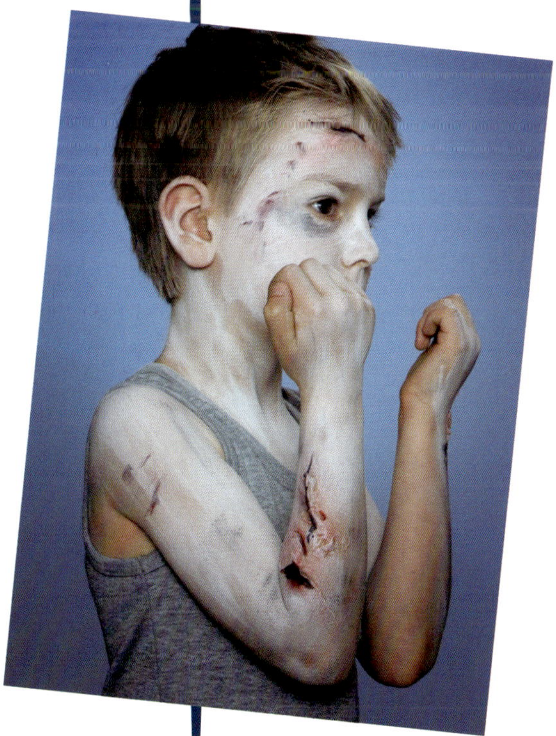

Gesicht und Arme grundieren

1 Bevor Sie die Wunden auf dem Gesicht und an den Armen modellieren, grundieren Sie zunächst alle Hautpartien, die nicht vom Kostüm bedeckt werden, mit einem Schwamm und weißer Schminkfarbe – und denken Sie auch an die Ohren, die werden gerne mal vergessen.

2 Nun tupfen Sie um die Augen, an den Mundwinkeln und Wangenknochen etwas schwarze Farbe auf, um dem Zombie-Gesicht etwas Tiefe und ein gewollt ungesundes Aussehen zu verleihen. Streichen Sie auch auf den Armen und am Ausschnitt etwas schwarze Farbe auf – das lässt den Zombie noch gefährlicher erscheinen.

Wunden modellieren

1 Für die Wunden nehmen Sie jeweils etwas Hautwachs und formen es zu unterschiedlich langen Wülsten. Diese an der gewünschten Stelle am Körper, an den Armen oder im Gesicht platzieren, fest andrücken und in Form streichen. Das Hautwachs bleibt ohne zusätzlichen Klebstoff haften.

2 Danach die Wunde mit roter Schminkfarbe und einem Schminkschwamm leicht einfärben. Den Übergang von der Haut zur Wunde wird leicht weiß eingefärbt. Tragen Sie die weiße Farbe dabei leicht unregelmäßig auf, damit die Hautfarbe noch vereinzelt blass durchscheint.

3 Nun die Wundstellen der Länge nach mit einem kleinen Spachtel einschneiden. Ziehen Sie die Schnittränder etwas nach oben heraus, um sie optisch wie abstehende Hautfetzen wirken zu lassen. Danach die Wunden innen blau einfärben und einen Spritzer Filmblut in die Wunde geben, der über die Wunde hinauslaufen kann. Der Filmbluttropfen hört nach 2 cm auf zu fließen und trocknet rasch an. Wenn Sie davon etwas auf die Stirn oder die Nase des Kindes geben, sollten Sie mindestens diese 2 cm Abstand von den Augen oder dem Mund einhalten. Danach vereinzelte Bluttropfen auf dem Zombie verteilen.

Zombie-Kostüm

ohne viel Aufwand und Material schnell umgesetzt

Schwierigkeitsgrad

●○○

Material

* T-Shirt oder ärmelloses Shirt in Weiß oder Grau
* großmaschiger Woll-Umhang in Schwarz
* Mullbinden oder groben Leinenstoff in Weiß, 3 x je 10 cm breit, 1 m lang
* wasserlösliche Schminkfarbe in Rot und Dunkelbraun
* Klebstoff
* Pinsel
* kleiner Behälter mit Wasser

Das Kostüm für den Zombie ist im Grunde ganz einfach. Es reicht, wenn das Kind ein ärmelloses Shirt an hat. Darüber kann es dann ein sehr großmaschiges Tuch in Schwarz tragen, das einfach um den Oberkörper geschlungen wird. Sollten Sie kein solches Tuch haben, können Sie auch einfach ein altes weißes T-Shirt nehmen, den Kragen ausschneiden und die Ärmel und den Bund fransig einschneiden.

Verband anfertigen

1 Für den Verband um Kopf und Ellenbogen legen Sie drei Streifen der Mullbinde oder des Leinenstoffes übereinander.

2 Nun den Pinsel mit Wasser stark nässen und reichlich rote Schminkfarbe aufnehmen. Damit unterschiedlich große Punkte oder kurze Streifen auf die obere Lage der Mullbinden malen und diese danach gleich nass in nass mit einem kleinen braunen Punkt versehen. Die Farben dürfen gerne ineinanderfließen und wie frisches und getrocknetes Blut zugleich wirken. Auch die darunterliegenden Stofflagen dürfen gerne mit der Farbe durchnässt werden.

3 Wenn die Stofflagen getrocknet sind, werden sie locker um den Kopf und den Arm gebunden. Die Enden können Sie entweder dicht anlegen und mit Klebstoff fixieren oder etwas abstehen oder hängen lassen – das sieht noch unordentlicher und schauriger aus.

Pirat mit Gruselfaktor

geistert seit Jahrhunderten über die Weltmeere

Schwierigkeitsgrad

●●○

Material

* wasserlösliche Schminkfarbe in Hautfarbe, Mittelgrün, Weiß, Schwarz, Orange und Braun
* feinporiger Schwamm
* Strukturschwamm

1 Grundieren Sie als Erstes das Gesicht und den Oberkörper mit einem feinporigen Schwämmchen und einer Mischung aus Hautfarbe und Orange. Mit demselben, unausgewaschenen Schwamm tupfen Sie nun Mittelgrün um die Augenpartie. Mit einem relativ trockenen Schwämmchen dem Piraten anschließend schwarze Stellen auf Oberkörper, Hals, Nase und am äußeren Gesichtsrand auftupfen.

2 Nun mithilfe eines Strukturschwämmchens schwarze feine Punkte auf Oberlippe, Kinn und am äußeren Gesichtsbereich auftupfen. Damit ist die Grundlage für den Vollbart gelegt. Danach mit einem Pinsel, der mit der einen Seite zuerst in Weiß und anschließend mit der anderen Seite in Schwarz getaucht wird, viele kurze Pinselstriche auf den zuvor strukturierten Untergrund malen. Ergänzen Sie anschließend noch ein paar braune Haare zwischendurch, diese lassen den Bart noch echter wirken.

3 Nun geht es an die Feinheiten. Mithilfe eines Pinsels und brauner Farbe malen Sie dem Piraten tiefe Falten in das Gesicht, z. B. um die Augen, auf die Stirn oder unterhalb der Nase. Danach die Augenbrauen mit schwarzer Farbe und kurzen Strichen akzentuieren.

4 Zuletzt wird dem Piraten als Zeichen vieler gefochtener Schlachten eine Narbe quer über die Nase und den oberen Wangenbereich aufgemalt. Verwenden Sie dazu eine Mischung aus Orange und Braun. Ein schwarzes Totenkopftattoo auf der Brust lässt den Piraten noch verwegener erscheinen und etwas Schwarz mit einem Pinsel auf die Zähne gemalt macht ihn schließlich perfekt.

Fiese Kräuterhexe

belegt alle mit einem Fluch

Schwierigkeitsgrad

●●○

Material

* wasserlösliche Schminkfarbe in Mintgrün, Mittelgrün, Hellgrün, Weiß und Schwarz
* feinporiger Schwamm
* dünner Schminkpinsel

1 Grundieren Sie Gesicht, Hals, Dekolleté, Arme und Hände der Hexe zunächst leicht unregelmäßig und fleckig mithilfe eines Schwämmchens in Mintgrün.

2 Danach mit Hellgrün über den Augenbrauen ovale Flächen in Blattform grundieren. Auch auf dem Dekolleté in einer Mischung aus Hellgrün und Weiß eine Kette blätterartig aufmalen. Nun auf die Wangenknochen und der Stirn etwas Hellgrün mithilfe des Schwämmchens auftupfen.

3 Malen Sie nun mit weißer Farbe und einem spitzen Pinsel feine Blattadern in die Blätter über den Augenbrauen und auf dem Dekolleté. In die Augenwinkel setzen Sie kleine weiße, nach unten zeigende Dreiecke. Nun in Weiß mithilfe eines dünnen Pinsels ein Spinnennetz und einen Spinnenfaden auf die Wange malen. Damit das Netz noch transparenter erscheint, können Sie es auch mit weißem Glitzer nachmalen.

4 Danach werden die Lippen mit Mittelgrün bemalt und die kleinen Spinnen in das Netz bzw. auf die Wange gemalt. Fahren Sie anschließend das weiße Dreieck in den Augenwinkeln mit Schwarz nach, führen Sie die Linie weiter unter dem Auge entlang und lassen Sie sie an den Schläfen gestrichelt auslaufen. Ebenfalls in Schwarz am Nasenflügelansatz kleine Dreiecke aufmalen.

5 Nun noch die zuvor in Weiß aufgemalten Blattadern und Konturen in Schwarz nachmalen und schon kann die Hexe ihr Unwesen treiben.

Perfekt gestylt

zur nächsten Hexenparty

Schwierigkeitsgrad

●●○

Material Hexenhut

* festes Vlies in Schwarz oder Weiß, 40 cm x 45 cm
* Pannesamt in Schwarz mit Spinnenaufdruck, 1 x 40 cm x 40 cm und 1 x 40 cm x 45 cm
* Filz in Schwarz (Meterware), 40 cm x 40 cm
* Pannesamt in Lila, 10 cm breit, 60 cm lang
* Netzstoff in Schwarz, 1 x 5 cm breit, 1,20 cm lang und 1 x 10 cm breit, 1,40 cm lang

Hexenhut

1 Für die Hutspitze benötigen Sie eine Schablone. Vielleicht haben Sie noch eine alte Schultüte, bei der Sie Maß nehmen können. Falls nicht, nehmen Sie ¼ von einem Kreis mit ø 80 cm als Schablone (Höhe der Hutspitze = 40 cm). Mithilfe der Schablone schneiden Sie die Hutspitze zuerst aus dem Vlies aus und kleben sie auf den Pannesamt. Danach schneiden Sie den überstehenden Pannesamt ab und kleben den Viertelkreis zur Tüte zusammen.

2 Für den Hutrand schneiden Sie jeweils einen Kreis mit ø 40 cm aus dem Filz und dem Pannesamt aus. In der Mitte jeweils einen Kreis mit ø 20 cm ausschneiden. Anschließend werden die beiden Kreise mit der Nähmaschine rechts auf rechts zusammengenäht und dann umgedreht oder der Pannesamt wird auf den Filz geklebt. Hutspitze und Hutrand sollten anschließend auf jeden Fall mit der Nähmaschine zusammengenäht werden. Zum Schluss können Sie den Hut noch mit den Netz- (10 cm breit, ca. 1,50 m lang) und Pannesamtstreifen (10 cm breit, 58 cm lang) dekorieren.

••• Weiter geht es auf Seite 32

Schwierigkeitsgrad

● ● ●

Material Hexenbesen

* einige Zweige Birkenreisig, ca. 60 cm lang
* Austrieb vom Haselnussbusch, ø 2,5 cm, ca. 1,20 m lang
* Blumenbindedraht, 3 x 1 m lang
* Folien-Jersey-Streifen in Giftgrün, 3 x 3,5 cm x 18 cm
* 3 Nägel
* Hammer
* Rebschere
* Taschenmesser

Hexenbesen

1 Für den Hexenbesen benötigen Sie etwa zwei Hände voll Birkenreisig, das Sie zunächst an den dickeren Enden mit einem Stück Draht fest umwickeln und die Enden zum Schluss miteinander verdrehen. Am leichtesten geht es, wenn Sie das Reisig auf die Mitte des Drahtes legen und von beiden Seiten her wickeln. Danach das Reisig oben und unten gleichmäßig abschneiden.

2 Den Haselnussstiel mit dem Taschenmesser auf einer Seite anspitzen, bevor Sie ihn etwa 20 cm weit zwischen das Birkenreisig schieben. Danach die anderen beiden Drähte im Abstand von ca. 5 cm ebenfalls um das Reisig binden. Damit der Besenstiel besser hält, jeweils noch einen Nagel zwischen dem Bindedraht ins Holz klopfen. Zum Schluss umwickeln Sie die Stellen mit den Folien-Jersey-Streifen und kleben die Enden fest.

Schwierigkeitsgrad

●●○

Material Handschuhe

- Netzstoff in Schwarz, 2 x 30 cm x 20 cm
- Pannesamt in Schwarz mit Spinnenaufdruck, 2 x 20 cm x 3,5 cm
- Nähgarn in Schwarz
- Stecknadeln
- Nähnadel
- Nähmaschine

Hexenrock

- Pannesamt in Lila, 2 x 75 cm x 75 cm
- Pannesamt in Schwarz mit Spinnenaufdruck, Folien-Jersey-Streifen in Giftgrün und Netzstoff in Schwarz, jeweils 30 cm x 1,50 m (für die Streifen am Rock)
- Gummiband in Schwarz, 4 cm breit, 80 cm lang
- Nähgarn in Schwarz
- Stecknadeln
- Nähnadel
- Nähmaschine

Vorlage

Seite 58

Handschuhe

Zuerst den Spinnenstoff rechts auf rechts am Netzstoff festnähen. Anschließend den Netzstoff auf der gegenüberliegenden kurzen Seite zweimal hintereinander je 1 cm umschlagen und feststeppen. Anschließend den Handschuh rechts auf rechts zusammenlegen und beide Längsseiten zusammennähen. Dabei allerdings 2 cm von der Oberkante entfernt eine Öffnung für den Daumen lassen.

Hexenrock

(für beide Rockhälften)

1 Bei beiden lilafarbenen Stoffteilen jeweils an einer Seite, auf der sich der Stoff nicht dehnt, 5 cm für den Bund (Tunnelzug für das Gummiband) umschlagen, mit Stecknadeln fixieren und mit der Nähmaschine festnähen.

2 Für die verschiedenfarbigen und gemusterten Streifen den Stoff halbieren und gegengleich Dreiecke aufzeichnen (siehe Skizze) und ausschneiden. Diese Pannesamt- und Folienstreifen nun abwechselnd auf der Naht vom Bund rechts auf rechts zuerst feststecken, annähen und dann nach vorne klappen. Die Netzstreifen von Hand dazwischennähen.

3 Danach die beiden lilafarbenen Rockteile an den Seitennähten schließen, das Gummiband einziehen und je nach Umfang des Kindes zusammennähen.

Gruseldeko & Horrorbüffet

Es wird noch gruseliger, denn jetzt folgen Ideen und Vorschläge für das Dekorieren und Ausgestalten einer perfekten Gruselparty.

Spinnen, Ratten, Fledermäuse, Totenköpfe und Vampirsärge bieten nur einen kleinen Einblick, in das, was an Dekorationen möglich ist. Sie werden überrascht sein, welch tolle Accessoires mit ganz einfachen Mitteln hergestellt werden können.

Natürlich ist auch für das leibliche Wohl der Gruselparty-Gäste gesorgt. Mit einem „leckeren" Kuchen in Sargform, einem Wackelpudding in Form einer abgehackten Hand und einem widerlichen Hexeneintopf werden alle Hungrigen dem Anlass entsprechend mit gruseligen Köstlichkeiten versorgt.

Zur Gruselparty ...

... stilecht einladen

Schwierigkeitsgrad

● ○ ○

Material Einladung zur Gespensterparty

* Transparentpapier extra stark in Schwarz mit Gespenstermotiv, A4
* Transparentpapier extra stark in Transparent, A4
* doppelseitiges Klebeband, 3 mm breit
* Spinnwebenreste
* Baumwollgarn in Schwarz, ca. 30 cm lang
* evtl. wasserfester Filzstift in Schwarz
* Klebefilm

Einladung zur Gruselparty

* Pannesamt in Schwarz mit Spinnenaufdruck, 21 cm x 29,5 cm
* Transparentpapier extra stark in Transparent, A4
* dünner wasserfester Filzstift in Silber
* 1-Euro-Münze
* doppelseitiges Klebeband, 3 mm breit
* 2 Plastikspinnen in Schwarz, ca. 5 cm lang
* evtl. wasserfester Filzstift in Schwarz
* dünnes Geschenkband in Silber, 1,20 m lang

Vorlage

Seite 60/61

Einladung zur Gespensterparty

(siehe Bild rechts)

1 Zuerst den Text für die Einladung mithilfe des Computers (Schrifttyp Jokewood 20 oder eine ähnliche Schrift) auf das transparente A4-Papier kopieren oder von Hand mithilfe eines Filzstiftes abpausen.

2 Danach das Blatt auf die Innenseite des Gespensterpapiers legen und zwar so, dass die Gespenster um das Gedicht herumschweben. Das Textblatt mit dem Klebeband oben und unten festkleben. Nun die Einladung der Länge nach aufrollen und etwas Spinnennetz drum herumwickeln.

3 Zum Schluss zwei Gespenster aus dem Transparentpapier ausschneiden und je eines mit etwas Klebefilm an die Enden des Baumwollgarns kleben.

Einladung zur Gruselparty

1 Zuerst den Text mit dem Computer (Schrifttyp Croobie 22 oder eine ähnliche Schrift) auf das transparente A4-Papier kopieren oder von Hand mithilfe eines Filzstiftes abpausen.

2 Danach mithilfe der Schablonen die Umrisse der Spinnweben aufzeichnen und anschließend jeweils zwei gegenüberliegende Eckpunkte mit einem Lineal verbinden. Dabei einige Linien als „Spannfäden" quer über das ganze Blatt Papier verlängern. Die Spinnweben mithilfe einer 1-Euro-Münze in das Spinnennetz oder frei von Hand einzeichnen.

3 Anschließend das Blatt mit doppelseitigem Klebeband an der oberen und unteren Kante auf dem Stoffstück fixieren. Wenn das erledigt ist, eine Plastikspinne mit etwas Klebeband auf das untere Netz kleben, die andere wird mit einem Ende des Geschenkbandes verknotet. An dem anderen Ende des Geschenkbandes eine ca. 15 cm lange Schlinge binden.

4 Zum Schluss die Einladung von unten her aufrollen, die Schlinge bis zur Mitte darüberstreifen und das Band locker bis zum Ende um die Rolle winden. Und schon können die Einladungen für die Gruselparty verteilt werden.

VOLLMOND - NEBEL - MITTERNACHT.
DIE GESPENSTER SIND ERWACHT.
DRACULA UND FRANKENSTEIN
GEBEN HEUT IHR STELLDICHEIN.
UMIE, ZOMBIE, SKELETT UND VAMPIR
ALLE SIND HEUTE WILLKOMMEN HIER.
SPINNEN HABEN FLEIßIG NETZE
GESPONNEN.
HEIßEN DICH AUF SCHLOSS
SCHRECKENSTEIN
GANZ HERZLICH WILLKOMMEN.
WENN DU DEN MUT DAZU HAST, KOMME
AM ....
UM ....
INS SCHLOSS SCHRECKENSTEIN.
ANSCHRIFT
HAURIGE GRüßE VON

Gruselstimmung

auf Schloss Schreckenstein

Schwierigkeitsgrad

●●○

Material Spinnenwindlicht

(vorne links)

* dünner Vlies in Silbergrau, 30 cm x 10 cm
* selbstklebende Lampenschirmfolie in Transparent, 0,5 mm stark, 35 cm x 10 cm
* 3 Plastikspinnen zum Anstecken
* Perlgarn in Grau
* wasserfester Filzstift in Schwarz
* Sticknadel
* Lochzange
* spitze Schere

pro Spinnenwindlicht

(hinten und vorne rechts)

* Transparentpapier extra stark in Transparent, 30 cm x 10 cm
* dünner Vlies in Weiß, 30 cm x 10 cm
* selbstklebende Lampenschirmfolie in Transparent, 0,5 mm stark, 35 cm x 10 cm
* wasserfester Filzstift in Silber oder Plusterstift in Schwarz
* doppelseitiges Klebeband, 3 mm breit
* 3 Plastikspinnen zum Anstecken
* 1-Euro-Münze
* spitze Schere

Vorlage

Seite 56

Spinnenwindlicht

(vorne links)

1 Auf der Rückseite der Folie (die Seite, die nicht abgezogen werden kann) mit dem wasserfesten Filzstift drei Spinnennetze – wie bei der Einladung für die Gruselparty beschrieben – aufzeichnen.

2 Danach entweder mit der Lochzange (Einstellung kleinstes Loch, ø ca. 1,5 mm), mit einer spitzen Schere oder einer spitzen Nadel die Löcher in die Folie stanzen. Ein Loch an allen Spitzen sowie zwischen den Spitzen, am Ende der Spinnfäden (nicht zu dicht am Rand!) und ein größeres Loch in der Mitte des Netzes. Dann die Klebefolie abziehen und den Vlies darauf kleben. Die überstehende Folie nicht abschneiden, das ist der Kleberand!

3 Nun wird das Spinnennetz gestickt, dabei immer nur vorwärts mit Heftstichen sticken. Beginnen Sie an einer beliebigen Spitze außen am Netz und sticken Sie einmal im Kreis entlang der Kontur (Spitze – Mitte – Spitze – Mitte usw.) bis zum Anfang. Danach einmal in die Gegenrichtung wieder bis zum Anfang sticken. Jetzt mit der Nadel in den darunter liegenden Punkt stechen und den inneren Kreis genauso wie den äußeren arbeiten.

4 Zum Schluss noch die acht Spinnfäden mit Heftsstichen ausarbeiten – jeweils von der Mitte bis zum äußeren Rand und wieder zurück zur Mitte. Den Faden vernähen Sie in der Mitte (auf der Rückseite), stecken die Spinnen auf den Spinnweben fest und kleben das Windlicht an der Klebestelle zusammen.

Spinnenwindlichter

(hinten und vorne rechts)

1 Zuerst die Spinnennetze mit dem wasserfesten Filzstift oder dem Plusterstift, wie bei der Einladung fürs Gruselfest (siehe Seite 36) beschrieben, direkt auf das Transparentpapier zeichnen. Danach zuerst den Vlies auf die Lampenschirmfolie (die überstehende Folie nicht abschneiden, dies ist der Kleberand) kleben und dann das bemalte Transparentpapier mit dem doppelseitigen Klebeband – jeweils einen Streifen links und rechts – auf dem Vlies fixieren.

2 Zum Schluss mit einer spitzen Schere vorsichtig ein kleines Loch in die Mitte jedes Netzes stechen, die Spinnen darin feststecken und das Windlicht an dem Kleberand zusammenkleben.

UNSER ELTERN-TIPP

Das Teelicht immer in einem Glas ins Windlicht stellen und nur unter Aufsicht brennen lassen, ansonsten besteht Brandgefahr.

••• Weiter geht es auf Seite 40

Schwierigkeitsgrad

●●○

Material
Ratte

* Langhaarplüsch in Grau, 2 x 25 cm x 7,5 cm
* Nikkisamt in Rosa, 30 cm x 3 cm
* Bastelfilzrest in Weiß, 5 mm stark
* 2 Holz- oder Keramikperlen in Schwarz, ø ca. 8 mm
* Füllwatte
* Zwirnfaden in Schwarz
* reißfester Faden in Schwarz (100% Polyester)

Vorlage

Seite 56

Ratte

1 Zuerst die Kopfschablone auf die beiden Plüschteile legen und den Plüsch entlang der Schablone zuschneiden. Danach beide Teile mit Stecknadeln rechts auf rechts zusammenstecken und mit Rückstichen auf der rechten und linken Seite zunähen.

2 Das Füllmaterial durch die Öffnung am Ende locker in Kopf und Körper stopfen und den Kopf anschließend mit einem reißfesten Faden abbinden. Wichtig: Vor dem Abbinden muss das Fell nach hinten gestreift und am Kopf eventuell etwas gekürzt werden.

3 Aus dem Nikkisamt ein langes, spitzes Dreieck (ca. 24 cm lang), die beiden Ohren und ein kleines Dreieck für die Nasenspitze zuschneiden. Der Rattenschwanz entsteht, indem das Dreieck vorsichtig etwas in die Länge gezogen und es danach auf dem Tisch hin und her gerollt wird. Damit sich der Schwanz nicht wieder öffnet, diesen mit Überwendlingsstichen zusammennähen. Danach die Öffnung am Körper nicht ganz zunähen, den Schwanz etwa 2 cm hineinstecken und am Körper festnähen.

4 Für die Ohren die Nikkisamtkreise auf ein Stück Fell (langes Fell vorher etwas kürzen) kleben, ausschneiden und an der geraden Seite unten mit ein Paar Stichen etwas zusammennähen, bevor sie am Kopf festgenäht werden.

5 Für die Barthaare werden sechs Fäden à 8 cm lang benötigt. Diese mit einem siebten Faden in der Mitte zusammenbinden, am Knoten auf die Nasenspitze kleben und dann das kleine, rosa Dreieck darüberkleben. Zwei spitze Zähne, je 5 mm breit, 1 cm lang, aus dem Bastelfilz zuschneiden und unterhalb der Barthaare am Kopf festkleben. Zum Schluss noch die beiden Augen annähen.

Schleimiger Hexentopf

verleiht nicht nur Hexen magische Kräfte

Schwierigkeitsgrad

● ● ●

Material Erbsensuppe

für vier Portionen

* alter Emailtopf
* 500 g tiefgefrorene Erbsen
* ½ l Gemüsebrühe
* 100 ml Sahne
* evtl. einige Wiener oder kleine Würstchen
* Salz
* Pfeffer
* Prise Zucker

Dekoration

* Plastikquietschhuhn (aus dem Tierfachhandel)
* evtl. Hundekauknochen (aus dem Tierfachhandel)
* evtl. Acrylfarbe in Weiß

Erbsensuppe

Der schleimig-grüne Hexentopf ist ganz leicht herzustellen und schmeckt garantiert jedem Kind. Einfach die Erbsen in einen Topf geben und mit der Gemüsebrühe aufkochen. Danach mit einem Pürierstab fein pürieren und mit Salz, Pfeffer und Zucker abschmecken. Zum Schluss die Sahne hinzufügen und die Suppe noch einmal mit dem Pürierstab schaumig rühren. Wer mag, kann noch ein paar Wiener oder kleine Würstchen dazugeben und leicht erhitzen.

Dekoration

1 Als Deko eignet sich der Knochen von S. 54 auch sehr gut. Dazu einen Hundekauknochen aus dem Tierfachhandel nicht ganz gleichmäßig mit Acrylfarbe bemalen und nach dem Trocknen als Knochen-Deko zum Hexentopf dazulegen.

2 Zum Schluss das Gummi-Suppenhuhn gründlich unter warmem Wasser waschen und in die warme Suppe legen. Nun können sich die Grusel-Partybesucher an dem Eintopf satt essen und magische Kräfte tanken.

Haarige Mega-Spinnen

haben überall ihre Netze gesponnen

Schwierigkeitsgrad

● ● ○

Material

Spinnen

* Pannesamt in Schwarz, 20 cm x 20 cm (große Spinne)
* Pannesamt in Schwarz, 15 cm x 15 cm (kleine Spinne)
* 4 Chenilledrahtstücke in Schwarz, 25 cm lang (große Spinne)
* 4 Chenilledrahtstücke in Schwarz, 15 cm lang (kleine Spinne)
* Effektgarn in Schwarz
* 2 Wackelaugen mit Wimpern, ø 7 mm
* 2 Wackelaugen ohne Wimpern, ø 5 mm
* Schmucksteine (Meterware) in Transparent, 18 Stück für große Spinne, 12 Stück für kleine Spinne
* Teller (als Schablonen), 1 x ø 20 cm und 1 x ø 15 cm
* Buntstift in Weiß
* reißfestes Nähgarn in Schwarz (100% Polyester)
* Füllwatte

Große und kleine Spinne

1 Mit dem Buntstift und dem Teller (ø 20 cm für die große und ø 15 cm für die kleine Spinne) einen Kreis auf die Rückseite des Pannesamts zeichnen und diesen ausschneiden.

2 Danach einen Faden mit Heftstichen (ca. 5 mm vom Rand entfernt) einmal am Rand entlang anbringen, eine Handvoll Füllwatte auf die Mitte legen und den Kreis danach so zusammenziehen, dass eine ovale Form entsteht. Die Fadenenden zuerst miteinander verknoten und anschließend vernähen.

3 Nun mit einem Stück Nähgarn den Kopf abbinden. Für die Spinnenbeine die Chenilledrähte locker mit dem Effektgarn umwickeln. Nun Anfang und Ende des Wollfadens festkleben! Danach werden die Beine an der Unterseite der Spinne mit dem Überwendlingsstich mit etwas Abstand zueinander festgenäht. Beim Annähen darauf achten, dass die Beine auf beiden Seiten gleich lang sind. Zum Schluss die Spinnenbeine in die gewünschte Form biegen, die Wackelaugen auf den Kopf und die Schmucksteine in Kreuzform auf den Rücken kleben.

UNSER ELTERN-TIPP
Sie können die Spinne in ein Spinnennetz setzen, mit einem Faden von der Decke hängen lassen oder über Tische und Stühle krabbeln lassen.

••• Weiter geht es auf Seite 44

Schwierigkeitsgrad

●●○

Material je Spinnennetz

* 3 Alu-Draht-Stäbe, je ø 2 mm, 40 cm lang
* Bindedraht in Silbergrau, ø 0,35 mm, ca. 1,50 m lang
* Wolle in Silbergrau

Großes Spinnennetz

(12-eckig)

1 Für das große Spinnennetz (ø ca. 30 cm) benötigen Sie drei Alu-Drahtstäbe, die der Länge nach jeweils nach 8 cm im rechten Winkel nach unten gebogen werden. Anschließend ziehen Sie das entstandene Viereck an beiden Enden auseinander. Wenn dies erledigt ist, kann der Draht zwischen den einzelnen Knickstellen leicht u-förmig gebogen werden.

2 Danach alle Drähte kreisförmig aneinanderlegen, sodass die Drahtenden sich bis zum nächsten Knick überlappen. Die Schnittstellen nun zuerst mit etwas Bindedraht und anschließend mit einem ca. 30 cm langen Wollfaden fest umwickeln. Der Anfang und das Ende des Wollfadens werden mit einem Tropfen Klebstoff gesichert.

3 Für das Netz werden sechs Fäden à 40 cm lang benötigt, die jeweils auf zwei gegenüberliegenden Seiten am Knick verknotet werden. Die Fadenenden anschließend eventuell etwas kürzen und am Draht festkleben.

4 Danach einen ca. 1,20 m langen Wollfaden in der Mitte des Netzes festknoten und zunächst im Kreis eng um die Spannfäden weben. Den Faden ca. 1 cm entlang eines Spannfadens führen, einmal um den Spannfaden winden und weiter zum nächsten Spannfaden gehen. Dort wieder um den Faden winden und zum nächsten Spannfaden übergehen. So immer weiter fortfahren (schneckenhausförmig), den Webfaden dabei leicht anziehen, damit das Netz stabil wird und den Radius stetig vergrößern. Zum Schluss das Fadenende verknoten und ankleben. Zum Aufhängen des Netzes einen längeren Wollfaden am Drahtrand anknoten.

UNSER ELTERN-TIPP
Achten Sie beim Spannen der Fäden darauf, dass sich die Drahtform nicht verbiegt.

Kleines Spinnennetz

(8-eckig)

Für das kleine Spinnenetz (ø 20 cm) benötigen Sie nur zwei Alu-Drahtstücke, die nach dem Formen und Zusammensetzen (siehe Anleitung großes Spinnennetz) rundherum mit Wolle umwickelt werden. Zum Bespannen benötigen Sie vier Fäden (à 30 cm lang). Der Webfaden hat eine Länge von 1 cm.

UNSER ELTERN-TIPP
Das Weben geht leichter, wenn Sie das Netz auf einen Tisch legen und es beim Arbeiten gegen den Uhrzeigersinn drehen.

Eiskaltes Händchen

mit Maden und Fliegen

1 Zunächst den Handschuh mit kaltem Wasser ausschwenken.

2 Den Wackelpudding nach Herstellerangaben zubereiten. Nehmen Sie allerdings ca. 100 ml weniger Wasser für das Aufkochen des Puddings, da er später eigenständig stehen soll. Auch die Vanillesauce nach Herstellerangaben kochen.

3 Den Handschuh mit dem etwas abgekühlten, flüssigen Wackelpudding befüllen. Den Handschuh anschließend mit einem Gefrierbeutelverschluss dicht verschließen. Danach kommt die Hand auf einem tiefen Teller oder einer Schüssel zum Erstarren in den Kühlschrank und bleibt dort für ca. fünf Stunden.

4 Nun wird die Hand aus ihrem Handschuh befreit. Dazu halten Sie sie kurz unter warmes Wasser oder geben warmes Wasser auf den Teller, in dem die Hand bereits liegt, damit sich der Wackelpudding ohne zu reißen vom Plastik löst. Evtl. müssen Sie den Handschuh mit einer Nagelschere vorsichtig aufschneiden.

5 Jetzt wird die Glibberhand andekoriert: Geben Sie etwas von der Vanillesauce auf den Teller und betten Sie die Hand darauf. Geben Sie nun etwas weiße Schokostreusel als Maden auf die Hand und verteilen Sie einige Plastikfliegen auf Hand und Pudding. Ein ordentlicher Marmeladenklecks stellt einen Blutfleck dar.

Schwierigkeitsgrad

●○○

Material

* Päckchen Wackelpudding (zum Selberkochen)
* Haushaltshandschuh ohne Talkum auf der Innenseite
* Gefrierbeutelverschluss
* Päckchen Vanillesauce (zum Selberkochen)
* Gummiwürmer oder Gummifliegen
* Schokostreusel in Weiß
* etwas Himbeermarmelade
* evtl. Nagelschere

Vladimir Fledermaus

durchstreift die dunkle Nacht

Schwierigkeitsgrad

●●●

Material

- Webpelz in Grau, 25 cm x 15 cm
- dünner Flies in Grau, 45 cm x 15 cm
- 4 Chenilledrähte in Grau, je 50 cm lang
- Bastelfilzreste in Rosa und Lila
- Bastelfilzrest in Weiß, 5 mm stark
- 2 Schmucksteine in Hellgrün, ø 0,8 mm
- Nähseide in Grau
- Bindedraht in Silbergrau, ø 0,35 mm
- Glas, ø 8 cm
- Füllwatte

Vorlage

Seite 56

1 Für den Fledermauskörper benötigen Sie ein 19 cm x 14 cm großes Webpelzstück, das rechts auf rechts mit Steppstichen von Hand oder mit der Nähmaschine der Länge nach zusammengenäht und anschließend gewendet wird.

2 Die Vorlage für das Maul 1x auf Pappe, 1x auf Bastelfilz, die für die Ohren ebenfalls auf Bastelfilz übertragen und ausschneiden. Danach das gefaltete Pappmaul an einem Ende auf den Webpelzschlauch legen (die Naht befindet sich seitlich) und die überstehenden Ecken abschneiden. Um es einzukleben, nur den Rand der Pappe mit Klebstoff einstreichen und den Webpelz daran festkleben. Anschließend etwas Füllwatte in den oberen Teil des Kopfes (Länge ca. 6 cm) stopfen und ihn mit einem reißfesten Faden abbinden.

3 Nun die Filzteile für die Ohren auf den Plüschrest kleben, mit 5 mm Nahtzugabe ausschneiden und den überstehenden Webpelz innen am Filzohr festkleben. Die Ohren danach mit Überwendlingsstichen seitlich am Kopf festnähen. Das Filzteil im Mund, die Zähne, die Nasenlöcher und die Augen werden aufgeklebt. Danach wird der Körper nicht zu fest mit Füllwatte ausgestopft.

4 Für die Beine ein 20 cm langes Chenilledrahtstück in der Mitte umbiegen und im Abstand von 3 cm jeweils ein 6 cm langes Chenilldrahtstück um die Enden wickeln. Die Zehen nach oben biegen, sodass Sie die Fledermaus später kopfüber daran aufhängen können. Zum Schluss die Beine von unten in den Körper stecken und die Öffnung mit Überwendlingstichen schließen.

5 Für die Flügel ein 50 cm langes Chenilledrahtstück in der Mitte umbiegen und anschließend beide Ecken bis zum Knick nach oben biegen, sodass ein W entsteht. Nun je drei Chenilledrahtstücke (à 10 cm lang) an den Ecken des „Ws" mit etwas Bindedraht befestigen. Dieses „Skelett" nun auf die helle Seite des grauen Vlieses kleben, mit dem Glas die Rundungen der Flügel aufzeichnen und wie auf dem Foto abgebildet ausschneiden. Danach den Flügel im Nacken und an den Beinen mit ein paar Stichen festnähen.

6 Mit einem am Rücken befestigten Faden kann man die Fledermaus zum Fliegen aufhängen oder sie schläft kopfüber an den Beinen aufgehängt an einem Türrahmen.

UNSER ELTERN-TIPP
Die Fledermauszeichnung auf Seite 62 kann Ihnen evtl. als Orientierung dienen.

Draculas Schlafgemach

willkommen in der Gruft

Schwierigkeitsgrad

●●●

Material

* Verpackungsmaterial, z.B. von einem Bücherregal, 2 x 1,99 m x 0,59 m (Boden und Deckel), 2 x 1,50 m x 0,20 m (Seitenteile), 1 x 1,20 m x 0,20 m, 1 x 0,35 m x 0,20 m
* Pannesamt in Rot und Schwarz, je 1,50 m x 1,50 m
* Baumwollspitzen in Silber oder Grau, ca. 3 cm breit, 5 m lang
* Paketklebeband
* Meterstab
* Filzstift in Schwarz
* Schneiderkreide

Vorlage

Seite 57

1 Zuerst den Boden, den Deckel und die Seitenteile in den angegebenen Maßen zuschneiden (siehe Vorlage und Materialliste). Für den Boden benötigen Sie zusätzlich einen Kleberand von 2 cm ringsum.

2 Damit sich der Kleberand leichter nach oben drücken lässt, die aufgezeichnete Linie mit einer umgedrehten Schere nachzeichnen. Die Pappe an den Eckpunkten einschneiden.

3 Die drei Seitenteile werden mit dem Paketklebeband auf den Kleberand geklebt. Zuerst die beiden Seitenteile bis zum Knick, danach den Kopfbereich (oben in der Mitte beginnen) und zum Schluss das Fußteil ankleben. An den Ecken den Pappdeckel Kante auf Kante zusammenkleben – falls er auf einer Seite zu lang sein sollte, diesen etwas nach innen knicken und ihn als Kleberand benutzen.

4 Der Sarg wird zuerst mit dem roten Pannesamt ausgekleidet. Dazu benötigen Sie zwei Seitenteile à 1,50 m lang, ein Kopfteil, 1,25 m lang, und ein Fußteil, 40 cm lang, mit jeweils einer Höhe von 25 cm. Zuerst bekleben Sie das Kopf- und Fußteil, danach die beiden Seitenteile. Dazu tragen Sie den Klebstoff etwa 1 cm breit außen am Rand vom Sarg auf. Die Nahtstellen kleben Sie möglichst so zusammen, dass man sie nicht sieht. Zum Schluss kleben Sie alle Teile am Rand des Bodens fest. Mithilfe des Sargdeckels als Schablone schneiden Sie aus dem restlichen Pannesamt drei Teile zu (für Kopf- und Fußbereich sowie Mittelteil) und kleben sie auf dem Boden fest.

5 Vom schwarzen Pannesamt benötigen Sie ebenfalls zwei Seitenteile à 1,50 m lang, ein Kopfteil, 1,25 m lang und ein Fußteil, 35 cm lang, mit einer Höhe von 25 cm. Die Außenseite vom Sarg wird in der gleichen Reihenfolge beklebt wie die Innenseite. Zuerst die schwarzen Pannesamtstreifen etwa 1 cm breit innen auf den roten Pannesamt kleben und danach die Nahtstellen so zusammenkleben, dass man sie möglichst nicht sieht. Dann den Sarg umdrehen, leicht am Stoff ziehen und ihn am Rand des Bodens festkleben. Damit der Stoff gut hält, können Sie ihn zusätzlich mit Paketklebeband festkleben.

6 Zum Schluss wird noch die Baumwollspitze aufgeklebt. Dazu außen am oberen Rand auf dem schwarzen Pannesamt etwa 1 cm breit Klebstoff auftragen und die Spitze ringsherum aufkleben. Mit dem Ankleben an einer Ecke beginnen und Anfang und Ende etwas übereinanderkleben.

7 Mit dem restlichen schwarzen Pannesamt (in passende Stücke geschnitten) den Sargdeckel bekleben und anschließend mit den Spinnweben dekorieren.

UNSER ELTERN-TIPP

Falls Sie kein Verpackungsmaterial in der entsprechenden Größe zur Hand haben, können Sie den Sarg auch aus mehreren Pappteilen zusammensetzen.

Eklige Tastspiele

nichts für schwache Nerven

Schwierigkeitsgrad

● ○ ○

Material

* 3 Einweggläser
* Packung Wackelpudding zum Selberkochen
* Oliven in Schwarz und Grün
* Gummiwürmer
* Makkaroni-Nudeln
* evtl. 3 Säckchen zum Verkleiden der Gläser in beliebiger Farbe

1 Tastspiel 1: Den Wackelpudding nach Anleitung kochen und in eine flache Form gießen. Im Kühlschrank etwa für fünf Stunden erkalten lassen. Danach in 3 cm große Würfel zerschneiden und in ein großes Gefäß füllen. Zwischendurch immer wieder mal Gummiwürmer untermischen.

2 Tastspiel 2: Das zweite Glas ca. $^{2}/_{3}$ mit Oliven füllen.

3 Tastspiel 3: Für das dritte Glas ca. 400 g Makkaroni abkochen und nach dem Abkühlen in das Glas füllen.

Spielregeln

Die befüllten Gläser entweder in ausreichend große Stoffbeutel, die man zuziehen kann, stecken oder einfach mit Küchentüchern bedecken. Nun bekommen die Kinder die Augen verbunden und müssen mit ihrer Hand in die Gläser fassen. Dabei sollen sie ertasten, um was es sich in den Gläsern handelt. Wer alle drei Inhalte errät, hat gewonnen.

Perfekte Partydekoration

mit Totenköpfen, Blutflecken und schaurigen Getränken

Schwierigkeitsgrad

●○○

Material Fledermäuse

- 5 Schreibpapiere, A4
- lumineszierende Farbe in Blau
- Flachpinsel Gr. 20
- Buntstifte in Schwarz und Orange
- dünner Kupferdraht
- Nähnadel

Totenköpfe

- 5 Schreibpapiere, A4
- lumineszierende Farbe in Grün/Gelb
- Flachpinsel Gr. 20
- Buntstifte in Schwarz und Orange
- dünner Kupferdraht

Flaschenetikette

- Aquarellpapier oder anderes saugendes Papier, A4
- Transparentpapierrest in Rot
- Tintenfüller
- Buntstifte in Rot und Weiß
- Filzstift in Schwarz

Blutflecken

- Windowcolor in Bordeaux, Rubinrot und Dunkelbraun
- Windradfolie oder dicke Plastikfolie

Vorlage

Seite 62/63

Fledermäuse

1 Das Papier mit der lumineszierenden Farbe sehr dünn beidseitig einfärben und trocknen lassen. Danach die Vorlage mithilfe eines Kopierers auf das bemalte Papier kopieren.

2 Nun die Umrisse der Fledermaus in Schwarz etwas zittrig nachfahren und die Augen in Orange ausmalen.

3 Die Fledermaus dann mit einem 5 mm breiten Rand ausschneiden. Die Flügel am Rumpf nach oben (zur nicht bemalten Seite) knicken.

4 Je ein Stück Kupferdraht in der gewünschten Länge an den Flügelspitzen mit der Nadel durchfädeln und damit schließlich aufhängen.

Totenköpfe

1 Das Papier mit der lumineszierenden Farbe beidseitig sehr dünn einfärben und trocknen lassen. Danach die Vorlage mithilfe eines Kopierers auf das bemalte Papier kopieren.

2 Nun den Totenkopf in Schwarz etwas zittrig nachmalen. Die Augen etwas ungleichmäßig in Orange ausmalen. Den Mund und die Narbe auf der Stirn nochmals in Schwarz hervorheben.

3 Die Totenköpfe mit leichtem Überstand entlang der äußeren Kontur ausschneiden.

4 Und schließlich den Draht mittig durch die Stirn stechen und bis zur Hälfte durchschieben. Nun können die Totenköpfe nach Belieben an einem gespannten Kupferdraht aufgehängt werden.

Flaschenetikette

1 Die Vorlage für die Flaschenetikette auf das Papier übertragen und mit einem Füller oder Filzstift nachmalen bzw. nachschreiben.

2 Nun das beschriftete Blatt unter leicht fließendes Wasser halten und dabei die Farbe etwas verlaufen lassen. Das Papier anschließend trocknen lassen.

3 Jetzt werden die Schatten nachgemalt und die Buchstaben innen mit Rot, Weiß oder Schwarz umrandet bzw. schattiert.

Blutflecken

Für die Blutflecken machen Sie einfach einige ungleichmäßig große und verschiedenförmige Windowcolor-Flecken (nur Umrandung) in Braun auf der Windradfolie und füllen sie mit Rot und Bordeaux aus.

UNSER ELTERN-TIPP

Auch Spinnennetze kann man mit Windowcolorfarbe sehr gut auf die Windradfolie aufmalen, trocknen lassen und als Deko auf dem Tisch oder am Kerzenleuchter arrangieren.

RATT
GIFT
OMBIE
VIRUS

Sargkuchen und Muffins

kleine Leckerbissen gefällig?

Schwierigkeitsgrad

●●○

Material Sargkuchen

* Zutaten für 2 Rührkuchen
* Brot-Kastenform zum Backen oder ein hohes Backofenblech
* Himbeermarmelade
* Zartbitter-Schokoguss
* Marzipandecke (fertig ausgerollt) oder Marzipanrohmasse
* Zuckerguss in Rot
* Kuchenpinsel

Muffins à la Frankenstein

* Muffins (fertig gekauft oder selbst zubereitet)
* Päckchen Puderzucker
* Lebensmittelfarbe in Gelb
* 2 Zitronen (davon der Saft)
* Gummiwürmer oder Gummivampire

Vorlage

Seite 58

Sargkuchen

1 Für den Sargkuchen benötigen Sie die Masse von zwei Rührkuchen. Füllen Sie diese in eine Brot-Kastenbackform (falls ausziehbar, diese auf ganze Länge ausziehen) oder auf ein Backblech und backen Sie den Kuchen für ca. 60 bzw. 20–35 Minuten bei 150 °C im Backofen.

2 Wenn der Kuchen fertig gebacken und etwas abgekühlt ist, müssen Sie die Kuchenoberseite etwas begradigen, sofern diese durch das Backen wellig geworden ist. Sollten Sie den Kuchen auf einem Backblech zubereitet haben, schneiden Sie ihn in 15 cm breite Streifen und legen diese übereinander. Wenn Sie mögen, können Sie zwischen den beiden Schichten dünn Marmelade aufstreichen.

3 Nun den Kuchen an den schmalen Seiten wie abgebildet leicht dreieckig zuschneiden und die Kanten oben und unten anschließend gleichmäßig abflachen. Danach wird der Sargkuchen mit einem Pinsel und flüssigem Schokoguss glasiert.

4 Jetzt geht es an die Deko. Dazu von dem Kreuz eine Schablone anfertigen und auf die ausgerollte Marzipanmasse (ca. 3 mm stark) legen. Die Schablone mit dem Messer umfahren und dabei das Kreuz ausschneiden. Die Rückseite des Kreuzes mit etwas Wasser befeuchten und auf dem Kuchen platzieren.

5 Damit es auch wirklich gruselig aussieht, können Sie mit dem Messer einen Schlitz in den Sargkuchen machen und ein Plastik-Spielmesser dort hineinstecken. Tragen Sie zum Schluss noch ein paar Spritzer roten Zuckerguss am Rand des Schlitzes auf.

Muffins à la Frankenstein

1 Die Muffins nach Rezept backen oder auf gekaufte vom Bäcker oder Lebensmittelgeschäft zurückgreifen. Falls sie frisch zubereitet sind, lassen Sie die Muffins erst auskühlen, bevor Sie mit dem Dekorieren beginnen.

2 Für den Guss obendrauf den Saft von zwei Zitronen und etwas Lebensmittelfarbe mit so viel Puderzucker verrühren, bis eine streichfeste Masse in der gewünschten Farbe entstanden ist. Diese nun mit einem Messer auf den Muffins verteilen.

3 Solange die Masse auf den Muffins noch feucht ist, einige bunte Gummiwürmer darauf platzieren. Guten Appetit!

Vorlagen

UNSER ELTERNTIPP
Manche Vorlagen hier im Buch wurden verkleinert. Diese Vorlagen bitte einfach mit dem angegebenen Vergrößerungsfaktor im Kopiergeschäft kopieren und dann diese Kopien wie normale Vorlagen nutzen.

Vladimir Fledermaus

SEITE 46

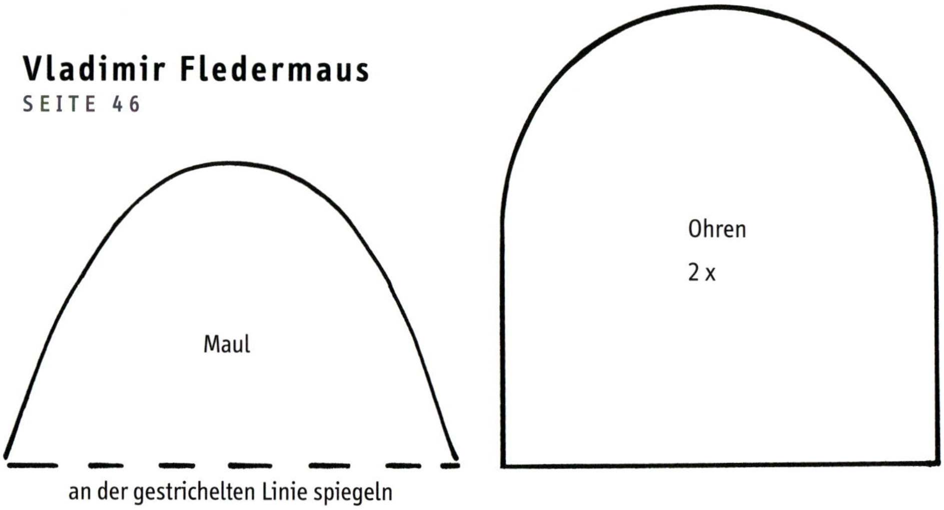

Gruselstimmung

SEITE 38

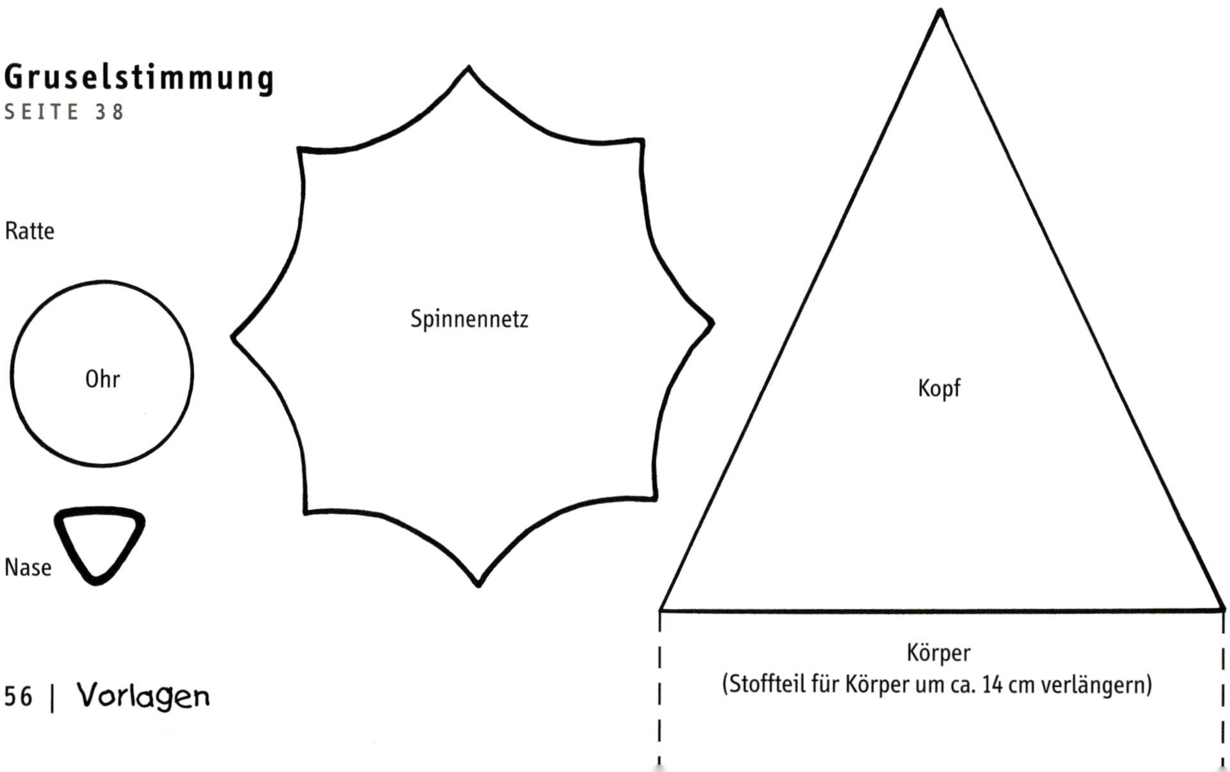

Draculas Schlafgemach

SEITE 48

Die Maße sind jeweils in Zentimeter angegeben.

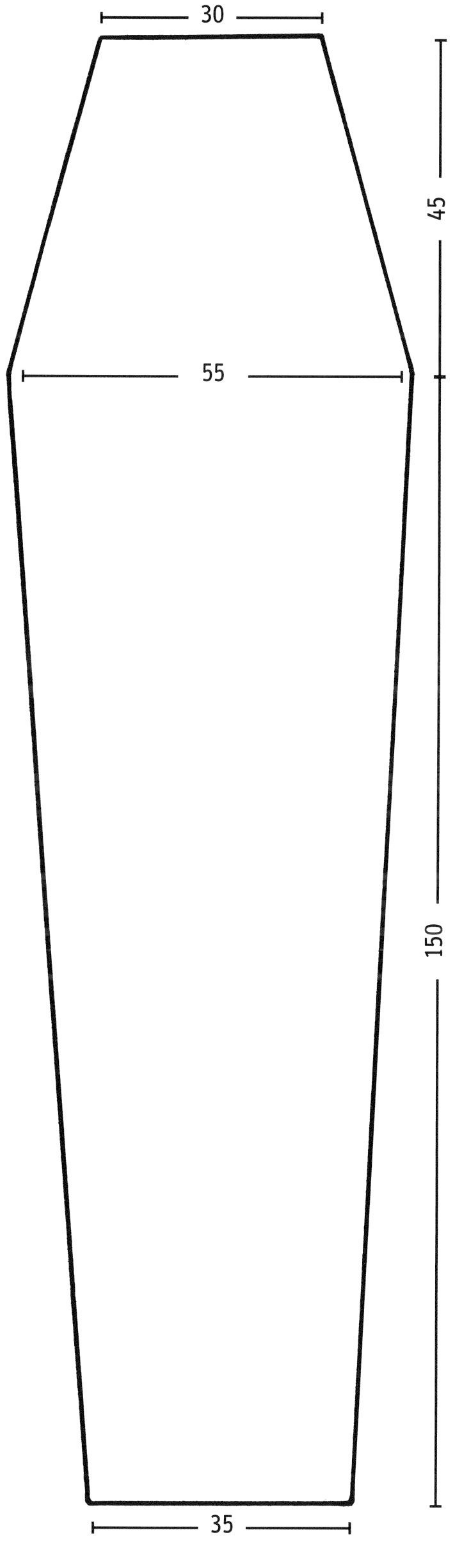

Sensenmanns Kostüm

SEITE 16

bitte auf 250 % vergrößern

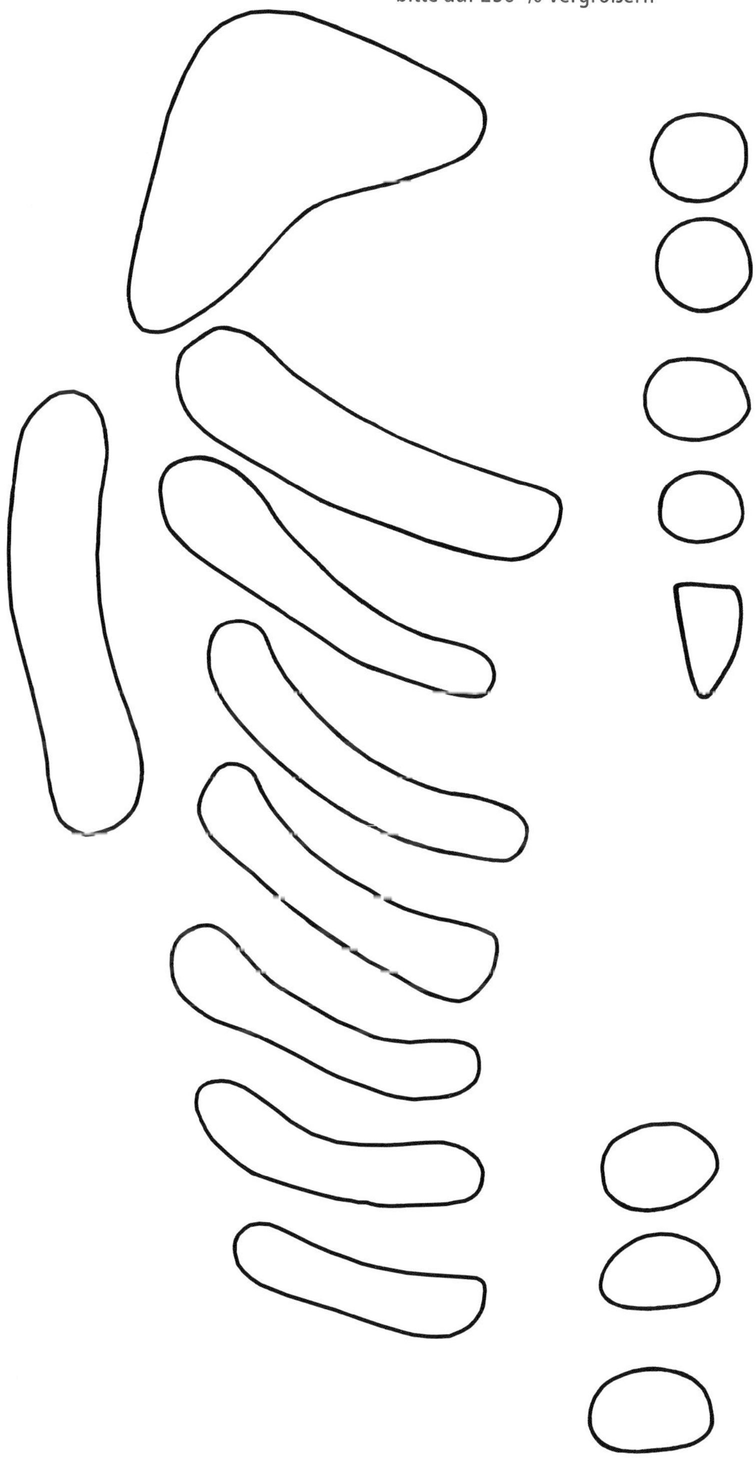

Perfekt gestylt
SEITE 30

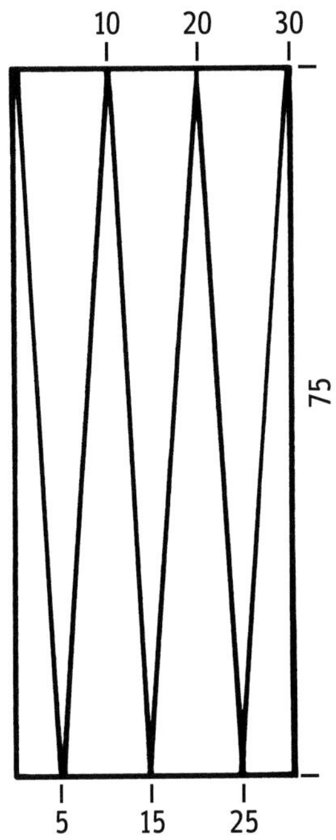

Die Maße sind jeweils in Zentimeter angegeben.

Sargkuchen und Muffins
SEITE 54

Werwolf

SEITE 20

bitte auf 200 % vergrößern

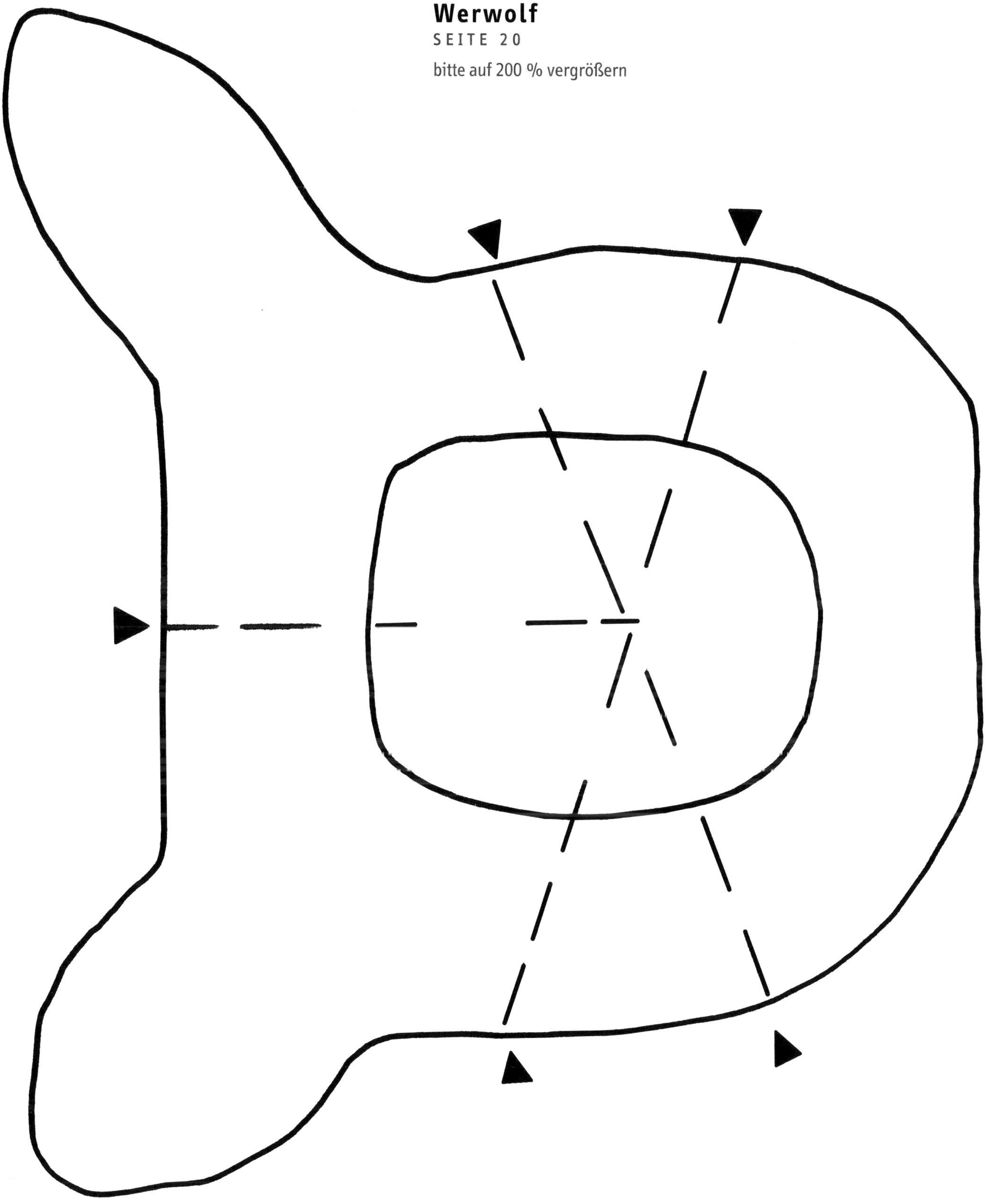

VOLLMOND – NEBEL – MITTERNACHT,
DIE GESPENSTER SIND ERWACHT.
DRACULA UND FRANKENSTEIN
GEBEN HEUT IHR STELLDICHEIN.

MUMIE, ZOMBIE, SKELETT UND VAMPIR
ALLE SIND HEUTE WILLKOMMEN HIER.
SPINNEN HABEN FLEIßIG NETZE
GESPONNEN,
HEIßEN DICH AUF SCHLOSS
SCHRECKENSTEIN
GANZ HERZLICH WILLKOMMEN.

WENN DU DEN MUT DAZU HAST, KOMME
AM ....
UM ....
INS SCHLOSS SCHRECKENSTEIN.
ANSCHRIFT:

SCHAURIGE GRÜßE VON

Zur Grus
SEITE 36

Vollmond – Nebel – Mitternacht,
die Gespenster sind erwacht
Dracula und Frankenstein
Geben heut ihr Stelldichein.

Mumie, Zombie, Skelett und Vampir
Alle sind heute willkommen hier.
Spinnen haben fleißig Netze gesponnen,
heißen dich auf Schloss Schreckenstein
ganz herzlich willkommen.

Wenn du den Mut dazu hast, komme
Am ______________________
Um ______________________
ins Schloss Schreckenstein.
Anschrift:

Schaurige Grüße von

Perfekte Partydekoration
SEITE 52

Perfekte Partydekoration
SEITE 52

Autorinnen | Impressum

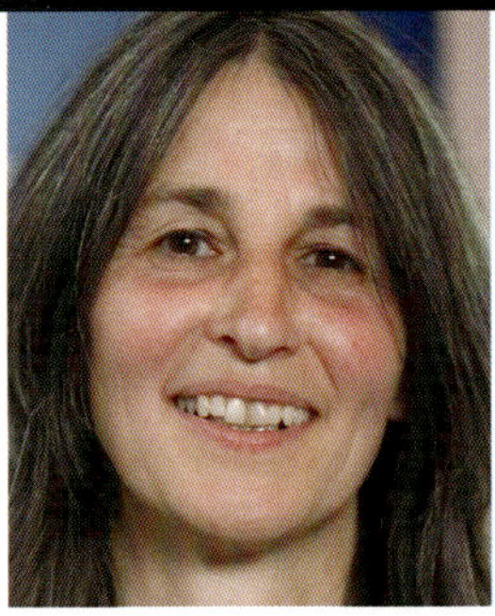

Ute Fischer wohnt mit ihrem Mann und zwei erwachsenen Söhnen zwischen Stuttgart und Ulm in Eislingen/Fils. Als Jugendliche entdeckte sie durch Ausprobieren verschiedener Basteltechniken und Materialien ihre Freude am kreativen Tun. Auch in ihrer langjährigen Tätigkeit als Kindergartenleiterin legte sie großen Wert auf die Entfaltung von Kreativität bei Kindern. In ihrer Freizeit bastelt sie regelmäßig mit Kindern und Jugendlichen, wie beim Schülerferienprogramm der Stadt oder mit Schulklassen. Für Erwachsene gibt sie Kurse bei der VHS Eislingen. 2008 gewann sie mit ihrer „Pullovertasche" den TOPP-Kreativpreis und arbeitete 2009 am Buch „Freche Handpuppen" mit.

Claudia Guther lebt mit ihrer Familie im Raum Ludwigsburg. Seit 2003 veröffentlicht sie beim frechverlag Bücher zum Thema Kinderbeschäftigung, Acrylmalerei und Raumdekoration. Sie hat viel Freude bei der Arbeit mit Kindern und Jugendlichen im Bereich Erlebnis- und Waldpädagogik. Seit 2004 ist sie freie Mitarbeiterin im Kreativatelier der Firma Marabu und fertigt diverse Modelle für Kataloge und Messepräsentationen an. Mehr über ihre Arbeit erfahren Sie unter www.kivents.de sowie unter www.farbstoerung.de.

Birgit Hertfelder lebt in Vaihingen/Enz und führt dort sehr erfolgreich ein Puppentheater und eine Schminkschule. Seit vielen Jahren nimmt sie regelmäßig an internationalen Meisterschaften für Face- und Bodypainting teil und hat sich international mittlerweile einen großen Namen gemacht. Im Jahr 2008 wurde sie sogar niederländische Face-Painting-Meisterin. In ihrer Schminkschule leitet sie Anfänger- und Fortgeschrittenenkurse im Facepainting, Beauty-Make-up und in der Königsklasse Spezial-Effekte. Mehr Informationen erhalten Sie auf ihren Internetseiten: www.farbevent.de und www.dimbeldu.de.

MODELLE: Ute Fischer (Seite 12/13, 30–33, 36–40, 42–44, 46–49), Claudia Guther (Seite 16/17, 20–25, 41, 45, 50–55), Birgit Hertfelder (Seite 10/11, 14/15, 18/19, 26–29)

PRODUKTMANAGEMENT UND LEKTORAT: Tina Herud

LAYOUT: Petra Theilfarth

FOTOS: frechverlag GmbH, 70499 Stuttgart; Fotolia, michanolimit (Gespenst auf Buchrückseite), Laschi (Blutlinie Seite 24), sausi (Skelett Seite 16), Kalle Kolodziej (Hexe Seite 32), Angela Parszyk (Fledermäuse Seite 2); Lichtblick, Jochen Frank, Laichingen (großes Coverbild, Freisteller Hexenhut auf Cover sowie Bilder Seite 10–13, 28–31), lichtpunkt, Michael Ruder, Stuttgart (alle übrigen)

DRUCK UND BINDUNG: Himmer AG, Augsburg PRINTED IN GERMANY

Danke!

Vielen lieben Dank an die Kindermodels Tom S., Tom J., Franka, Marina, Josh und Paul.

Auflage: 5. 4. 3. 2. 1.
Jahr: 2014 2013 2012 2011 2010 [Letzte Zahlen maßgebend]

ISBN 978-3-7724-5639-8
Best.-Nr. 5639

[redacted]

WIR SIND FÜR SIE DA!
Bei Fragen zu unserem umfangreichen Programm oder Anregungen freuen wir uns über Ihren Anruf oder Ihre Post. Loben Sie uns, aber scheuen Sie sich auch nicht, Ihre Kritik mitzuteilen – sie hilft uns, ständig besser zu werden.
Das Produktmanagement erreichen Sie unter:

pm@frechverlag.de

oder:

frechverlag
Produktmanagement
Turbinenstraße 7
70499 Stuttgart
Telefon 07 11 / 8 30 86 68

LERNEN SIE UNS BESSER KENNEN!
Fragen Sie Ihren Hobbyfach- oder Buchhändler nach unserem kostenlosen Kreativmagazin **„Meine kreative Welt“**. Darin entdecken Sie vierteljährlich die neuesten Kreativtrends und interessantesten Buchneuheiten.
Oder besuchen Sie uns im Internet! Unter **www.frechverlag.de** können Sie sich über unser umfangreiches Buchprogramm informieren, unsere Autoren kennenlernen sowie aktuelle Highlights und neue Kreativtechniken entdecken, kurz – die ganze Welt der Kreativität.
Kreativ immer up to date sind Sie mit unserem monatlichen **Newsletter** mit den aktuellsten News aus dem frechverlag, Gratis-Bastelanleitungen und attraktiven Gewinnspielen.

TOPP – Unsere Servicegarantie